獻給米凱拉

目錄
Contents

01。破裂

我們總是盡最大的努力為患者提供最好的照護。
那麼，我們為什麼不這樣對待自己的同事呢？

——初級醫師[1]

1 junior doctor，資格等同於台灣的住院醫師。

幾年前，我曾身處於急診室中。

我從來沒有感到這麼不舒服過。在心理上和生理上，我都崩潰了。那種糟糕的感覺已經嚴重到讓我好幾個月都吃不好、睡不好，像個沒有靈魂的人。我的雙手顫抖，視線閃爍游移。我坐在隔間裡，隔著薄如紙張的簾子，聽著周圍的空間裡都在發生些什麼事。我耗盡所有力氣忍住不哭。感覺上，我存在的框架——把我這個人組裝在一起的脆弱鷹架——正在開始折斷、碎裂。如果沒有人伸出援手、沒有人注意到的話，我的意識很快會從我體內飄散出去，永遠消失無蹤。我知道我距離失敗——我所認定的那不可避免的失敗，只有一步之遙。但同樣地，我知道自己必須繼續撐下去。我必須以某種方式撐過這一切。

因為我不是病人，我是醫師。

每一次到醫院，你一定都會看到他們：一支身著白袍、配戴聽診器的軍隊，帶著平靜的信心穿過走廊。說也奇怪，我們總會想像他們是無敵的，他們對疾病作用機制的了解會以某種方式防止人們患病。你找不到有心絞痛的心臟科醫師或是患有氣喘的呼吸內科醫師，而精神科醫師永遠無法真正了解憂鬱症病患的感覺。謬論，這些全是謬論，但或許是必要的謬論。因為這能幫助我們守住「醫師有能力拯救我們」的想法——如果醫師連自己都救不了，那要怎麼為其他人帶來希望？

但是，對某些人來說，聽診器不是護身符，反而更像風險因子，因為它帶來了難以想像的負擔——身為醫師的**意義**所帶來的負擔。我們從小便不斷打磨、精煉「醫師」的定義，這帶來了內外部的壓力。電影、電視節目、書籍、肥皂劇和雜誌形塑了醫師的定義——醫師總是客觀、冷靜、知識淵博；醫師提供保護、治癒和修復；醫師總是能把東西修好。你花了五年在醫學院學習把東西修好，到病房後卻很快發現，很多事是永遠修不好的。在那五年當中，你面對數不盡的試卷，在空格中填寫在各種假想情境中你會怎麼做。但最後你卻發現，在現實生活中的許多時候，你可以做的最好選擇，就是什麼都不做。從教科書演進到活生生、會呼吸的人，從假想情境演變到現實場景，你最終會了解到，成為一名好醫師，事實上與修復身體沒有關係。你會了解到，無法修復並不代表你的失敗。你也會發現，有時候讓空格留白才是正確的答案。但是，唯有在你穿越醫院走廊無數次，在那片陌生又充滿挑戰的景象中行走多時、懷疑自己當初為什麼會想要穿越它之後，你才會學到這一切。

但是你會學到的。終究有那麼一天。只要你沒有先被那個景象給擊倒了。

每當我讀到某個醫師從生活中消失，或哪個人覺得需要離開這個環境的訊息時，當下我都備感窒息，因為那可能是我們當中的任何一個。那很可能就是我——當我坐在急診室隔間裡，試圖理解這個我曾如此堅決要做、如此渴望能做好的工作，現在為何反而成了我的剋星時。我回想起醫學院，回想過去的點點滴滴，那些時刻交織在一起，引領我走到這裡。我甚至回想到我在申請醫學院入學面試時，對這個職業是如何充滿熱情、如何熱切渴望成為其中一員。這是我的夢想、我的終極目標，然而它卻成了一場噩夢，如此生動而殘酷，讓我再也不忍繼續看下去。

那天，當我身處繁忙的急診部，費力地想要抓住懸崖邊緣時，如果你為我指出那扇標示「出口」的門，我會很樂意從那裡走出去。

02。故事

在念醫學院之前，當醫師不過是個遙遠的夢想。一個由我在童年時代對全科醫師、家庭醫師、內翻足手術與康復，以及闌尾切除手術的記憶而構成的夢想。那些短暫但強烈的時刻穿入了我後來的生活，深深刻印在我心裡，形成了醫師樣貌的草圖。我對醫師的記憶是這樣的：讓人在恐懼中感覺安全、醫術高超，還有更大一部分是仁慈。而這就是我想要成為的醫師模樣。

——專科醫師

在醫學院入學面試時，面試官可能會問你很多不同類型的問題，並且鼓勵你多談一談。在眾多主題中，有一個是一定會被問到的，也是唯一一個確實可以預先準備的：

請談一談，你為什麼想當醫師？

我們都會說「**我想當醫師是因為喜歡人**」，但真正的意思是：我們喜歡故事。故事將我們聯繫在一起，使我們團結起來。我們說自己的故事，希望在場的人們能夠傾聽，而自己能夠被理解。

幾個月後，我們這群幸運通過入學面試的新生，在九月一個灰濛濛的早晨齊聚一堂，展開醫學院生活。當時我們還沒有意識到，我們注定要共同經歷的經驗會將彼此一輩子聯繫在一起；我們也還沒有意識到，未來一起度過的五年學習時光將會滋長出友誼、情感關係，甚至婚姻和孩子。因為那時我們仍然彼此陌生，被神奇而令人窒息的興奮感串連在一起，齊聚在一個黑暗的演講廳中。

那天是開學演講，一位學識淵博、資歷耀眼的教授站在前方的舞台上，靠著講台凝視聽眾，沉默中散發著一股博學而出眾的氣質，台下三百個新生靜靜等候。當他最後終於開口講話時，他直指內心，精準點出我們過去幾個星期的感覺：購買長達四頁的閱讀清單書籍；不停地盯著未來的作息時間表；被推到親朋好友面前炫耀；對未來充滿想像；這一刻大膽相信自己可以勝任一切、下一秒又覺得那想法真愚蠢而打消念頭。那天早晨，當我們走路、騎單車或開車到那個新起點時，所有人都感受到這一切了。演講廳的每一個位子都代表了有四個申請者被拒絕。這就一定代表我們有能力嗎？這就表示我們終於被允許開始追求長久以來的夢想、探索與嘗試嗎？我們仍然感到愚蠢，因為這一切看起來都太荒謬了，如此**不真實**。但是，在那個陰暗的九月早晨，那位充滿智慧的教授精準說出了我們每個人的感受，讓這一切變得沒有那麼愚蠢而遙不可及。在那一刻，一切變得真實起來。

「歡迎各位展開醫療生涯的第一天。」他說。

演講廳裡的三百人來自四面八方，背景各不相同。有些人來自醫師世家，有些則是家族中第一個上大學的。有人住在距離學校幾哩之外，也有人繞了地球半圈才來到這裡。有些人剛從高中畢業，或者剛完成一年的空檔年壯遊探索世界；而另一些人（如我）卻在較成熟的三十、甚至四十多歲時，可能已經做了許多看似毫不相關的工作，才發現醫學是如此絕妙有用。但是，對故事的熱愛是我們的共同點，我們將在未來的人生中傾聽那些故事。安寧病房裡令人悄然落淚的故事。在匆忙門診部裡發生的故事。在緊急混亂的急診室中流傳的故事。有趣的故事。悲傷的故事。內容交織著謊言而需要仔細剖析的故事。令我們發笑、絕望或擔憂的故事。讓我們在開車回家時微笑的故事。還有那些在未來人生中與我們相伴隨行的深刻故事。

我常被問到當醫師和當作家之間有何相似之處，答案很簡單。寫作總是建立在敘事、聆聽聲音的基礎上，而醫學也正如此——因為醫學全都與人有關，而人們就是由故事組成的。

03。外卡

花五年的時間修習一個學位聽起來很長，但實際上非常短暫。在短短的五年內，就讓一個醫學院新鮮人轉化為醫師。他們不僅被傳授大量的知識和訊息，同時也被賦予一種不同的視角來看待世界，一種不同的態度、不同的身分。有些人輕鬆地穿戴上這種身分，卻因沉重的工作量而苦苦掙扎；有些人毫不費力地通過了考試，卻發現這個新的身分並沒有讓他們感到自在。我們有五年的時間來糾正這一切，能夠培養和支持他們、幫助他們準備和整理。在五年結束時，我們就要放手，希望我們所做的已經足夠。

有時候，我們做得不夠。有些人會承受不住而崩潰。你可以挑選高成就者入學，那些成績優異的學生、學校領袖或球隊隊長，那些在校生涯中表現最棒、總是頒獎台上的常客、總是受到稱讚、受到關注並習慣脫穎而出的孩子。然而，如果你將他們帶到一個聚集了三百個同類的房間，那麼再也沒有誰能脫穎而出了。那些以前輕鬆獲得A等成績的人，現在必須拚命努力、奮力前進才能跟得上；再加上排山倒海而來的工作量和巨大的壓力，其中有些人會崩潰也是可以理解的。老實說，我很驚訝崩潰的情況沒有更多一些。

我記得我所有的學生，但印象最深的是那些崩潰的學生，因為我一直想知道，如果我更謹慎地照看他們，或者再專注一點，也許可以及時發現那些裂痕，阻止它發生。

——招生導師

我是外卡[2]。

在我申請醫學院入學時，面試我的是一位年近退休的老教授。很諷刺地，我後來唯一再見到他的一次，竟然是畢業那天。我上前感謝他當年給我機會入學，但我完全沒有想到他會記得我。

他竟然記得。

「每年，我都會選一個外部分子。高風險的那種。那年，我選了你，」他說，「你是我的外卡。」

如同外卡的意思一樣，我的確非常「野」[3]。

我十五歲就離開學校，只拿了普通教育文憑，其他幾乎什麼都沒有。就像那時候（以及這時候）的許多孩子一樣，我們被要求做出重大決定，確認自己未來要做什麼。但那時我們根本還沒有探索過自己是誰。十五歲時的我對於未來要做什麼毫無想法，於是我離開了。我決定要好好思考這個問題，結果花了很長一段時間。

2 Wild Card，直接音譯為「外卡」，在不同的地方有不同的意思。此處是指撲克牌遊戲中，可當任意牌用的「萬用牌」或「王牌」，通常以「鬼牌」為之。

3 Wild Card 中 Wild 意指野生、不受拘束。

我在思考這些問題的同時，也做了很多其他工作。打字、在酒吧當服務生、送披薩。我在一個很棒的動物救援中心工作。我當服務生。我還曾是百貨公司裡的惱人女店員之一，會在你逛街經過時為你噴香水，讓你避之唯恐不及。對，我曾經是那種人，在那幾個月的時間裡，我天天看著別人躲開我。

但是，我從來沒有放掉「有一天重返校園」這個模糊而安靜的希望。我從沒有放下我對學習的需求，我會做很多事情來滿足這種需求。我會純粹因為好玩而讀教科書、觀賞有關罕見疾病和各種難以想像疾病的紀錄片。我參加課程和工作坊，盡力尋找任何可以接受教育的機會，無論有多渺小。

二〇〇三年夏天的一個八月早晨，我在書報亭的窗戶上看到一張課程廣告明信片，那是一堂非常基本的急救課程，我經過那扇門時碰巧抬頭看到。那是一個機會，一個小時刻連結到其他更多的小時刻，一個一個串連在一起，最終引領我走向醫師之路。我打電話報名上課。在課程的中場休息時間，我告訴教課的醫護人員我有多麼熱愛醫學、對精神病學充滿興趣，但我現在已經三十多歲，光是想這些都嫌太老。他說事實並非如此，很多人在三、四十多歲才申請醫學院。第二天，我在瘋狂衝動下申請了三個科學科的普通教育高級程度測驗；在短短的一年多以後，我來到深藏在醫學院內的面試室中，坐在這位老教授面前。他對我的年齡有所顧慮。

他說：

「我擔心你在這個年紀要如何應付那種程度的工作量。」

「我擔心你要如何養活自己。」

「我擔心你要為比自己年輕的專科醫師工作，心中會作何感想。」

我盡可能化解他一個又一個疑慮，甚至是最後那一個——那的確讓我稍微猶豫了片刻。

教授向後靠，雙臂交叉。他沉默地盯著我，我回看他。沒有其他問題要回答了，我想我沒有什麼好損失的。

「嘿，」我說，「如果您拒絕我的申請，我完全理解。如果您認為我不夠聰明，如果您不認為我會成為一個很好的醫師，請拒絕我。請用您拒絕其他人的種種理由來拒絕我，但請千萬不要只因為我的出生日期就拒絕我，因為那根本不是個好理由，對嗎？」

他的眉毛輕微地揚了一下。喔喔，我看到了。我想我搞砸了。

幾週後，錄取通知躺在我的信箱裡。

錄取通知的最下方有一行手寫的「**聖誕快樂**」。

我並不確定、也從未得到證實，但我認為可能是因為當時爆發的那一點點憤慨，讓我取得了進入醫學院的門票。

04。心臟

人們決定念醫學院的原因很多，但如果你在入學第一天問我們，我們會說是因為想要創造一些不同，想做些有價值且真正重要的事。我們會說是因為想要拯救生命。

「拯救生命」是許多人習醫的原因，一般人也很容易理解那是什麼意思。多年後，在我畢業前的最後一個實習，我來到急診部。當時，還不算是醫師的我整天忙碌的重點就是避免擋到其他人工作。

在某次輪值時，一名婦女被救護車送來。這位婦女四十多歲，身體一向健康，她的主訴是脈搏過快，還有一種「可怕的事情即將發生」的感覺。一種即將來臨的厄運感。一般醫師會判斷這是焦慮症發作（或說「**只是**焦慮症發作而已」——社會仍然喜歡把「只是」兩字放在任何與心理健康有關的症狀之前），這位女士坐在檢傷處的隔間，等待進行一系列的常規檢查。

十分鐘之後，她的心臟驟停。

她輕輕地從椅子滑到地板上，心跳停止跳動。如果你想知道團隊合作的定義，那麼急救小組是個很好的示範。他們有種敏銳而驚人的高度效率。急救小組有自己的成員、自己的推車、自己的規則。作為醫學院學生，我被告知應該留下來觀摩。在這位女士旁邊的隔間，恰好有一位心臟專科醫師正在檢查另一位病人，他從簾子後面冒出來，接手處理現場。

這位心臟科醫師把她救回來了。

在機器、藥物和醫師專業經驗的融合運作之下，她的心臟再次開始跳動。心臟科醫師將她從她原本要前往的某處拉了回來，重返人間。她復甦了，就這麼快速俐落，沒有其他併發症狀。那位女士甚至試圖站起來（是真的）。這是我第一次親眼目睹心臟驟停急救，我深深著迷了。我以為所有的急救都是這樣（事實上並非如此）。這位女士被帶到比小隔間更合適的地方進行評估，地板上的碎屑被迅速清除。心臟科醫師轉向在場其他人說：「她說厄運即將到來，這句話還說得真對呢！」隨後又消失在簾子後方，心臟科醫師似乎總是擁有無懈可擊的時機感。我聽到他在簾子後向先前的病人道歉自己突然離開。整個部門繼續如常運作。

但是，我沒有繼續如常運作。我被眼前所見給迷住了。我想問問心臟科醫師，讓某人重新活過來是什麼樣的感覺？從事一份在任何時候都能成為英雄的工作，感覺如何？與上帝交手的感覺如何？但是我沒有開口。我沒有問他任何事情，因為我很快就知道，在醫學和外科手術中，除非你喜歡被投以奇怪的眼光，否則最好不要問別人感覺如何。我沒有開口，但在那個下午後來的時間裡，我的目光都跟著他在急診室的身影打轉。每當我看到他時，我都在想：「那個人救了一位女士的性命。他是一個心臟科醫師。一個英雄。」

如果你在醫學院的第一天問學生要選什麼專科，「心臟科」是個常見選項。他們會告訴你：「那代表了聲望。」因為在醫學中，身體部位有一定的階級，這是我從未完全理解的。說到名聲，心臟優於大腦、大腦勝過骨骼、骨骼又贏過皮膚。腎臟固然會勝過一切，但是它們太聰明了，所以不會參與這種排名的詭計。而我想從事的是精神病學，那是我最初申請醫學院的原因。儘管我在其他實習中見證許多令人敬畏的畫面——安寧療護的恩典和同情心，照顧年長者的至高喜悅等等，但在漫長道路的盡頭，我知道精神科正在等著我，這有時是讓我前進的唯一動力。但是，當我踏上那段旅程時，有時還是會想起心臟科醫師，心中有著淡淡的遺憾，因為我永遠不會知道跪在急診室地板上拯救性命是什麼感覺。

直到很久以後，當我終於到達這趟旅程的盡頭時，才學到了至關重要的一課，那可能是初級醫師所能學到最重要的事。原來，拯救生命通常與手術刀或去顫器無關。救命現場可能在急診室或手術室，生命也可能在病房的安靜角落、在花園裡聊天時被拯救，或在其他人都離開的電視室的沙發上。發現隱藏在病史中的蛛絲馬跡可以救人一命，與患者建立起充分的信任也同樣可以——他們會因此願意服藥，即使他們不認為自己需要。聆聽一輩子都不曾被傾聽的人說話，也可以挽救生命。

我學到了這寶貴的一課：恢復一個人的性命，很多時候是與恢復心跳無關的。

05。身體

醫學院期間的友誼是非常緊密的，儘管彼此間有距離、背景故事也不相同。與我一起經歷第一次大體課的人；一起拚命學習各種疾病知識的人；第一次向病人詢問病狀、害羞又驕傲地要求對方脫衣檢查時，和我在一起的那些人。這是我們進入人們生活中諸多特許時刻的開端，後來成了我們的日常。這些友誼幫助我們在痛苦、憂鬱與喜悅中迎向每次新的相遇。這些相遇開始以多種方式形塑我們成為醫師的模樣，儘管我們還沒有意識到這個新樣貌有著黑暗角落，也不知道其中一些友誼和其他新的友誼最終將幫助我們讓光照進那些黑暗角落中。

——專科醫師

我把每天晚上帶回家的那些關於別人人生的小小片段稱為我的「柯達時刻」。這些年來，我收集了許多柯達時刻，將它們放入腦海中一本又一本的相簿裡。那些相簿多不勝數，讓我很快開始懷疑自己是不是醫學界的異類。

在任何一家醫院繞個一圈，都可以在病房和診間發現許多這樣的柯達時刻，它們隱藏在匿名的小隔間簾幕之後。如果你想捕捉它們，你可以在加護病房和急診室找到很多。腫瘤科通常也會出現一定的分量，而安寧病房介於其中。不過，還有許多柯達時刻會在最出乎意料的時候出現。它們不在主要故事中，而是隱藏在各種敘述的邊緣，因為通常是較細微的時刻和非主要的角色，提供了令人難以忘懷的回憶。每當我提到擔心這些時刻如何影響我，其他人總會說：「有同情心很好啊，這是大家需要的，也是受人讚揚的特質。」但是同情心會吃掉你的理智，讓你在回家的路上因為眼淚盈眶看不清前路，不得不把車停在路邊。它會在黑暗中從腦海裡蔓延開來，使你無法入睡。你會發現這種異類特質開始讓你窒息，腦中的相簿不用多久就多到滿出來，超過負載。就在我身處黑暗的演講廳、被歡迎投入醫療生涯的一週之後，我經歷了第一次的柯達時刻。

它就在解剖室的蓋屍布下等著我。

解剖這件事就和生活中其他許多事物一樣，最好透過經驗來學習，而非透過閱讀。

無論我們隨身攜帶的超厚教科書中有多麼豐富詳盡的圖表，都無法與現實生活中親眼看到的實物相提並論。此外，我們當中有許多人之所以選擇這家醫學院，就是因為它會進行所謂的**全屍解剖**。這代表在整個培訓過程中，會有一具大體供我們進行探索。在醫學院學習的那幾年，這同一個人（屍體）都會保留給我們進行學習。按照傳統，如同過去幾十年來的幾百個醫學院學生經歷的一樣，在我們進入醫學院的第一個禮拜，校方就會安排介紹專屬於我們個人進行探索的大體。

我知道這件事會發生。我看到它在課表上越來越接近。我覺得自己已經做好準備了，幾乎可以無動於衷。我會沒事的。會觸動我心弦的是動物而不是人。我可以應付人。但我很快就發現自己根本做不到。

第一次的解剖課安排在下午稍早，我們穿著嶄新的白袍，在醫學院的地下室集合。當天很少人吃午餐。我們齊聚成一群一群往前移動，像是一個又一個由焦慮、憂心、壯膽和好奇心結合的白色小團塊。大家用來武裝自己的黑色幽默（這我很快就熟悉了）開始在房間的邊緣蔓延。我把手伸到外套口袋深處，試圖專注在這個讓我有所學習的機會，想著提供我學習機會的大體老師是多麼慷慨。在經過像一輩子那麼長的時間之後，我們被帶進解剖室。

那裡最明顯的是氣味，遠遠勝過其他一切。一種化學實驗室與死亡的獨特氣味組合，以及發出奇怪橡膠味的防腐劑。除此之外，它還散發出歷史和傳統的氣息，因為，身為醫學院學生的我們正走進這將近三百年來未曾改變的經歷，唯一改變的只有：解剖不再在大型禮堂中進行，還有，現在不需要盜屍了[4]。

解剖室裡有很多桌子，桌上有乾淨的藍色布罩，而在這些乾淨的藍色布罩下，就放著大體。我們分成幾組，我和其他六個人圍在我們的桌子旁。我們的大體老師旁。首先開始進行的是健康與安全說明，這是三百年前傳統下的新配套。那些詞語從我耳邊飄過，我盯著眼前乾淨的藍色布罩，猜想躺在下面的會是什麼樣的人。

我想起最近一次見到的死者，那就在幾個月之前。在二月一個潮濕而黯淡的早晨，我看著母親向父親告別，周圍是醫院借給人們回家善終的設備。吊舉機和座椅式便桶，嗎啡瓶、監視器和麥克米倫護理師[5]全都擠在客廳裡，努力融入尋常生活的各種家具之

4 十八、十九世紀英國解剖學蓬勃發展，需要屍體進行解剖，所以大量窮人及貧困工人的屍體變成盜屍者的獵取對象。

5 原文為 Macmillan Nurse。麥克米倫護理師多數在英國公立醫院系統或社區工作，主要協助癌症病患，提供癌症相關的需求評估、建議、支持、治療選項資訊等。麥克米倫護理師需有五年以上護理經驗，其中包括兩年以上的癌症或安寧療護經驗。

中。

你可能會想像，當醫師到達病床邊或坐在診療室的桌子另一邊時，會自動以某種方式清除自己的參考點[6]。他們的思想角落整齊有序，他們不會受到記憶的影響，不會被難捱的情緒或與此次會面無關的各種生活裂痕影響。這又是另一個假設，另一個必要的謬論。因為當我待在解剖室，盯著那張藍色布罩時，心裡想到的全是我父親。當課程講授到逃生出口和合適的鞋子時，我在腦海裡上演著另一個不同的情境。我考慮著離開的後果會是如何，以及留下來的潛在後果又是如何。我想著我是多麼努力才有機會站在這裡，也想著如果我離開，其他人會怎麼看我。不過占據我思緒最大部分的是我父親。我的嘴乾了，脈搏加速，我的雙腿不能確定是否要繼續執行保持直立的任務。我在附近找到看起來像負責這裡的人，我做了解釋，他們聽了也理解了。他們要我離開，而我也就真的離開了。

我蹣跚地穿過醫學院，回到蘭卡斯特路那甜美新鮮的空氣中，那裡沒有橡膠或化學實驗室的氣味。我坐回車裡，試圖恢復正常呼吸。我失敗了！這是醫學院提出的第一個

6 又稱參照點，指人們在判斷決策時參考的評價標準。

挑戰，而我卻理智斷線、情緒崩潰了。更糟糕的是，解剖室巡禮感覺像是一個開始，幾乎是一種儀式，一種轉變的儀式。當我未來的同事留在地下室，透過這樣的儀式轉變為醫師時，我卻坐在車上看著雨水打在擋風玻璃上，心裡想著當初我怎麼會認為自己做得到這些事。

在接下來的兩個星期中，我多次嘗試進入解剖室。我趁附近沒有其他學生時冒險潛入，以為孤獨可以幫助我適應死亡。結果並沒有。我去了那裡，與一位解剖人員交談，也許是想尋找一點同理心、一點理解吧。結果，她用和印在醫學院手冊光亮紙張上的文字一樣的口吻，向我解釋了解剖的重要性。但是我沒有在聽，因為我忙著看她右後方的塑膠袋，那裡面裝了十二個分離的頭部。我只是點點頭，然後離開。我甚至去找了我的家庭醫師，以為可以透過服藥來讓自己面對這一切。

「我想我不是從醫的料，」我說，「我不認為我能繼續下去。」

她盯著我。「但是你必須要繼續下去。尤其是現在。」

我從滿溢淚水、自憐自艾的深深痛苦中抬起頭來看著她。「為什麼？」

「因為你對解剖室的反應告訴我，你會成為一個好醫師。」

我不覺得自己會成為一名好醫師。我感覺被欺騙、感到荒謬。每一週，當解剖課出現在課表上、而我俐落地避開它時，我知道我必須做出決定——究竟是要徹底放棄，或是在它變得不可克服前好好解決它。

醫學院第一學期要上的主題，除了解剖學、遺傳學、生理學、藥理學以及許多其他新興神祕學科之外，另外一門必修就是病理學。教我們的專科住院醫師和我年齡相近，她很幽默、很聰明，在課堂上滿腔熱情地談論這個主題，讓在場每個人也都嚮往成為病理學家。她也是少數會讓人情不自禁立刻喜歡的人之一。在我另一個瘋狂衝動的時刻，我決定問她我能不能陪她驗屍。如果我以解剖最有用的作用之一來看待第一線解剖——也就是解決難題、提供答案，那一定可以幫助我擺脫恐懼。但是，我只是個一年級的醫學生，才剛剛跨入醫學領域（實際上也的確剛從街上跨步走進醫學院）。她肯定會拒絕我的。但這樣也好，畢竟，如果我連一個乾淨、無血、用來保存的解剖室都無法面對，那麼又該如何應付解剖這件事呢？

結果，她答應我了。

06。選擇

不管什麼時候到醫院，你的目的地總是會被清楚標示出來。各個走廊上都懸掛著路標，地板上也都繪製了方向箭頭，牆壁上嵌有地圖，用繽紛的顏色標出「**你在這裡！**」，所有一切都被清楚呈現、明確指引出方向。你不可能迷路，至少理論上是如此，因為每個部門的功能都被清楚描述，每扇門上也都掛著相關說明。

不過，我要尋找的那扇門卻沒有任何說明。它座落在醫院一個小小角落的服務台旁邊。它沒有標示牌，也沒有嵌在牆上的部門名稱。如果你經過時偶然注意到它，可能會以為那是通往文具櫃或小衣帽間的門。事實上，那是通往太平間的門。

在醫學院就學期間，我選擇每天通勤，在早晨一小時又四十五分鐘的漫長車程中，我會把收音機開得特別大聲。這可以轉移我的注意力，讓車子和腦袋裡都充滿了歌詞。那時我還不知道，幾個小時後，我會在完全沒有收音機的陪伴下，一路開回家。音樂成了一種晴雨表，用來轉移注意或帶來慰藉。沒有音樂意味著那是特別難捱的一天，代表我需要安靜以處理自己的思緒，而很多時候我都是這樣全程安靜地開回家。

我找到那扇沒有標記的門，走進去後立即面臨迷宮般的走廊。在兩側的辦公室中，書記隱身在塔一般高的病歷後打字。人們從我身旁經過，他們捧著咖啡，彼此小聲交談。一切感覺如此尋常。我再走過更多的走廊，穿過更多沒有標記的門，路越來越難穿越，就像模擬現實生活卻又令人發狂的電腦遊戲一樣。刷卡。按鍵盤。我照著寫在紙上的代碼，小心地按著銀色按鍵。我被困在兩扇門之間，被一個穿手術服的人拯救，最後終於到達目的地——太平間，在這裡與專科住院醫師（也是我的病理學老師）會面。

她說：「你找到了。」

我想，她和我一樣驚訝。

太平間裡的更衣室讓人安心，它充滿了童年游泳池的古樸懷舊氣息。這裡有木凳和瓷磚地板，以及一排排的儲物櫃，大部分都沒有上鎖，門都是敞開的，裡面充滿了照片和貼紙、個性化的杯子和備用的羊毛衫，還有各式各樣的便利貼，上面記錄的是醫院以外的世界所發生的生活瑣事。就像在一般游泳池一樣，這裡甚至有一個小小的步行走道，但擺滿這空間的不是氯溶液，而是掛滿牆壁的壓力軟管和硬毛刷。我拿到了預期中的防護服，此外還拿到護目鏡、防水長筒靴和長及手肘的大橡膠手套。我看著自己這一身新裝扮，想著前方等著我的會是什麼，才需要這些裝備。

我的專科住院醫師轉向我。「我們現在要穿過那些門。」她指著門。「在那扇門後面有三張桌子，桌上有三具屍體，各自在不同的驗屍階段。我們今天要處理的是最右邊那具。」

我盯著門看，感覺那種熟悉的焦慮感從胃部蔓延到喉嚨。

「對它有反應是完全正常的。感覺焦慮或沮喪，或想要離開都很正常。」她說。「你隨時可以離開。只要往回走，穿過那些門，你就會再回到更衣室。沒有人會介意。沒人會因此看輕你。」

有了這些話，我知道我會沒事的。因為，透過這些話語，她把一種醫學界少見的東西傳給了我：她允許我有所反應，允許我經歷情緒和苦惱，承認自己的感覺。在很多情況下，我們被期望要保持冷漠、機械化、清空一切，像是預先寫好的程式，對遇到的所有不幸和苦難都預設為「不反應」。這種對情感反應的否定也存在於日常生活中。社會上有些人特別討厭任何表現出情感、承認自己不知所措或無法應付的人。報章雜誌在頭版高調報導在公共場合哭泣的名人，尤其是男性。我們被期望吸收自己的情感和對生活的反應，把那些從我們的形象中驅逐得遠遠的，因為沒有了那些會讓其他人比較好過。

醫學界幾乎強制要求這一點。

「你不會有事的。」我的專科住院醫師這麼說。

我的確沒事。

當然，我在那些門後看到的一切令我震撼無比。我的第一反應是——我一定是闖入了某個拍片現場或電視節目後台，因為眼前場景與任何我見過的事物都天差地別，我的大腦根本無法處理。我的眼睛一開始需要一點距離，而我來回徘徊在房間四周邊緣。我擦了已經很乾淨的護目鏡，調整已經完美戴好的手套。除了看我在那裡該看的東西之外，其他什麼事我都做了。但是，令人驚奇的是，人的調適能力非常快，在幾分鐘之內，我就站在專科住院醫師的旁邊——她非常有智慧也非常仁慈地讓我四處徘徊、調適自己、擦拭乾淨的護目鏡，而沒有做出任何評斷。

我不確定是在什麼時候、是為什麼，甚至是如何發生的，但在進入太平間的幾分鐘之內，我拋開了震驚和恐懼。它們消失在某個地方，蒸發成我所目睹的奇蹟——解剖學和生理學的奇蹟、人體的奇蹟，以及在驗屍的每個階段不斷出現的更多小奇蹟，有更多更多在書上見到的圖解活生生躍然眼前。當我們講到心臟時，老師向我指出左心室在哪裡，那種興奮的感覺非凡無比。那是左心室！我在過去幾週一直盯著教科書看的東西，此刻就出現在我眼前！那種感覺像是在路上巧遇了名人一樣。

最偉大的奇蹟一直保留到最後才登場。當老師拿出大腦遞給我時，我意識到我手中掌握了這個人最精髓的本質。人們的思想、希望、夢想、擔憂。人們的性格、自我意識、一生的回憶。所有這一切都放在我的手上。在那個片刻，我對自己能有榮幸做這件事而驚嘆不已。

解剖大腦後，你會在小腦深處發現與運動和感覺訊息傳輸有關的區域，它看起來像一連串細膩的樹枝或蕨類植物的葉子，細小的分枝在大腦內擴展開來。它可以幫助我們認出環境景象，理解周圍發生的事物，幫助我們生存下來。它被稱為小腦活樹或生命樹，直到現在，它仍是我所見過最美麗的事物之一。

在那天之後，我成了太平間的常客。我和工作人員以名字相稱。我不需要查看口袋的紙條，就可以在銀色鍵盤上按對數字和字母。我也不再被困在走廊之間。我甚至需要準備一套專屬的防水高筒靴和長及肘部的手套。

當然，我也會去解剖室，那裡已經不再讓我恐懼了。我喜歡盯著顯微鏡，觀察位於體內深處的許多「城鎮」和「村莊」。但是太平間似乎更真實且與我更有連結。每當我離開時，我都會沿著走廊往回走，經過打字的書記和拿著咖啡杯的人們，一步步走回日常生活，然後從服務台旁那扇沒有標記的小門冒出來。在走回現實世界的這一路上，我經過許多過著尋常生活的人，內心都會想著：「你們絕對無法想像我剛剛看到了什麼。」

在回家的路上，我會研究周圍的每個人，等紅綠燈的自行車騎士，或是穿越人行道的人——我會想像他們肉體下方的解剖結構，那所有的微小奇蹟。我有點擔心，因為我開始懷疑自己是否能再以同樣的眼光看待一般人。因此，我決定再去一次太平間。我還有其他科目需要學習，太平間也已經完成它的任務了，它幫助我面對了最令我恐懼的事情，而醫學院的其他部分都將一帆風順。

我真是太天真了。

那一次，當我走進太平間的更衣室時，我的專科住院醫師站在雙扇門前，擋住我進入放了三張不鏽鋼桌、鋪有瓷磚的房間。

她說：「嘿，我正要傳簡訊給你。」

我以為計畫有變。也許是她另有行程，或者是那天沒有死者？

我說：「取消了嗎？」

「不，」她搖搖頭，「不是取消。我只是想給你選擇。」

我皺了皺眉。

「死者是自殺的。」她說。「你還想待在這裡嗎？」

我的視線越過她，朝著雙扇門望去，猜想著那後面有什麼。

我說：「嗯，我還是想待在這裡。」

那是個男人。

另外兩張桌子是空的，他一個人在那裡。他沒有如期赴約，女兒回到兒時的住家，發現父親在花園棚內上吊自殺。他五十三歲。沒有警訊。沒有故事序幕。沒有跡象表明他決定結束自己的性命。因為，你永遠無法從那些不想被看出跡象的人身上偵測出任何異狀。女兒設法將繩子砍斷，把他拉下來，絕望痛苦地做了心肺復甦術，弄斷了父親胸腔裡的每一根骨頭。我盯著他的臉以及脖子上的綑綁痕跡。

我們開始驗屍。

之後，我的專科住院醫師短暫消失去簽收文件，這是我第一次獨自一人待在這裡。我們工作時，又有另外一個人被送進來。也是一個男人，他在另外一張桌子上等著我們。我走過去，望向他頭頂上方牆壁的白板，工作人員在那裡寫下目前得到的所有資訊。這個人也是五十三歲，在當天早上的一場車禍中喪生。我回到原來的桌子旁，眼光再次飄向另外那個人。

如果你在那之前問我對自殺的看法，我會告訴你，我對一個絕望到必須結束自己生命的人感到非常同情。我會告訴你，我們所有人都該試著去理解他人。還有，除非我們也參與那段歷程，否則永遠不該評斷他人。然而，站在太平間這兩張桌子中間時，我內心充滿了憤怒，憤怒到幾乎必須離開現場，因為我害怕無法控制自己的脾氣。

我想到死者的女兒，想到她為了嘗試救回父親是如何拚命。我想到無論她原本的生活過得如何，她永遠都不可能忘記那一天的經過。我不知道那個人為什麼會這麼做，他明知道發現他的會是自己的女兒，明知道那會對她造成多大的影響。我想著眼前這兩位死者如此巧合地同年生、同日死；但一個人有選擇的機會，而另一個人沒有。

經過許多年、面對許多病人之後，我才體會到關於「選擇」的真相。有個人幫助我了解這一切，那是我在精神病房認識的一個人。

他是一位初級醫師。

他也是一個病人。

07。鏡子

我第一次碰到自殺事件，是醫學院一位朋友的死亡。他只留給父母一封信，信裡只有短短幾句話，沒有任何答案。沒有答案，但有很多想法。我仍然不太清楚行醫對醫師有什麼影響，我和許多人一樣，仍然在問自己：是不是對未來的恐懼觸動了他的死亡？那些祕密想法可能反映出他對職業的恐懼，因為職業裡的競爭開始更直接地形塑我們的生活，對我們的影響不再像過去的一次考試成績那麼簡單。

——專科醫師

艾力克斯第一次住院時，他感覺自己支離破碎又困惑。如果我們仔細回顧過去，閱讀病史資訊，通常都能看到警示紅旗已在微風中快速飄揚，但在當時卻完全沒有人發現。艾力克斯開始會花幾個小時只記錄一名患者、在深夜向他的專科醫師發送漫長而沒有重點的電子郵件。他的**舉止越來越怪異**。病歷中還提到，他說當他身處急診室時，感到自己不安全。他開始有自我厭惡和自殘行為。他走過徘徊、孤獨的旅程，試著在這個環境中生存，但最終還是無法忍受了。當他到我們這裡時，已經表現出偏執的跡象：對周圍每個人都充滿懷疑，拒絕任何交流。此外，他也可能有被害妄想，甚至幻聽，不過我們不太能確定，因為他不與任何人交流。但是，他有時似乎會對他人看不到的人及聽不見的聲音做出反應。

他仍然相信自己在病房擔任醫師，但其實他現在是入住的病人。當然，他非常有說服力。說服力之強，讓有些患者也開始相信這是真的了。

經過幾個禮拜，在融合支持、交談、藥物和仁慈的處方下，艾力克斯慢慢開始進步。他開始更信任我們，他可以自在地談論自己的想法和反應，並重新探索自己為什麼會在這裡。艾力克斯和我進行了長時間的交談。他談到作為一個初級醫師所承受的壓力，他感覺自己有多麼不足，以及每天內心充滿了多少自我懷疑。我從沒想過我會和某個患者以及他的故事產生這麼多共鳴。我不確定以後還有沒有這種可能。發生在他身上的，也可能發生在我身上。我一直認為醫師與患者之間的距離很短，但從來沒有像我和艾力克斯這麼近的。不過，最主要的部分是因為我們常談起他的狗弗萊徹。這是另一個將我們兩人串連在一起的因素，他全心照顧他的狗，那是一隻有著善良眼睛和笨拙步伐的黃金獵犬。他經常拿出手機給我看弗萊徹的照片和影片。其他患者在一天的外訪假期會去探望家人和朋友，艾力克斯則會到寄宿犬舍去看看他的狗。由於曲折的命運以及遙遠的距離，艾力克斯沒有家人，朋友也很少，弗萊徹就是他的一切。

艾力克斯在一個熱浪來襲的星期四下午出院。在他離開之前，我們坐在患者花園樹蔭下的長凳，進行最後一次交談。我們談論了過去曾經從事的不同工作，以及跟過的那些專科醫師，我們笑談病房裡流傳的恐怖故事。他告訴我他最終還是想回到醫學領域，因為他喜歡這份工作，也很想念這份工作。他談到了他滿心期待從寄宿犬舍把弗萊徹接回來。我感覺不再像和一個病人說話，而像在和同事說話。

在星期六的晚上，他上吊自殺。

星期一早上，我進病房時得知了這件事。我之前就知道自殺是怎麼回事，但這個消息帶給我的震驚如此強烈而難以忍受，讓我好幾分鐘都說不出任何話。當我終於能開口時，我說的第一句話是：「不，這中間一定出了什麼錯，因為他**永遠**不會拋下他的狗！」

因為我掉進了陷阱。我陷入了一個陷阱，相信艾力克斯可以有所選擇。我想像他在星期六的晚上坐在家裡，決定想活還是死。但實際上，他別無選擇，和那些心臟病發或死於腸癌的人一樣別無選擇。疾病終結了他的生命，就像其他疾病每天都會終結某些人的生命一樣。我知道這種想法一直存在於腦海中某個地方，但我花了幾天才發現、才意識到，選擇不是非黑即白。選擇是彩色的，具有多種色階，全由我們的想法和經驗決定。而有時我們的決定不僅是來自於自己，也可能是由暗藏心裡的疾病做出的。

直到那時，我回想起當年身為醫學院學生的我站在太平間裡，內心充滿了憤怒和失望。我終於體會到，當時我應該意識到的是：不論是因車禍而喪生，或者是在花園裡結束自己的生命，他們其實都沒有其他選擇，就像艾力克斯一樣。

現實中看似選擇的事，實際上可能根本就不是。只有到了精神病房時，你才會開始意識到那些選擇有多麼微小、多麼有限。

也許，「恢復選擇的權利」是精神病學中最重要的一點，因為這會帶回希望。許多患者來住院時是完全沒有希望的，他們的生活失去了過去曾有的「自己是有所選擇的」

這種想法。選擇源自對自己情緒的認可，因為如果我們不被允許去探索自己的感覺，那要如何做出決定？太平間的病理學老師讓我探索自己對死亡的感受，透過這樣的探索，她將「留下或離開」的選擇交給了我，同時也給了我「我最終可能勝任這項工作」的希望。

不管在醫學領域之內或之外，「保留選擇」的需求都至關重要，但也許在精神病學領域，我們對這一點的感受最為強烈。這是一個很容易「失去選擇」的地方，我們希望病人能隨著時間再次「找回選擇」，因為，沒有什麼比見證人們重新回到值得過的生活還要更美好、更令人滿足了。因為，在修補受損的生命時，最重要的材料就是「希望」，對患者是如此，對醫師來說也一樣。

08。用字遺詞

醫學院學生用橘子練習縫合，他們練習在塑膠手臂中插入靜脈留置針，並在價值數十萬元的真人尺寸玩偶上練習心肺復甦術。但是，「與患者交談」是沒有辦法練習的。我們會聘請經驗豐富的演員，設定假想的場景，並在場邊指導。但是當你第一次被要求通知患者壞消息時，那種經歷是無法複製的。沒有腳本，沒有人在旁邊提供鼓勵和智慧，也沒有第二次機會。

——講師

接觸生命的盡頭以及承認我們對它的感受，是作為醫學生和初級醫師最大的挑戰之一。可惜的是，這也是最少被談論的主題。我們被期望要自己透過經驗，獲得應對死亡的能力，並且持續改善，就跟抽血或插導管一樣。

當我終於開始負責病房時，最先注意到的一點是：我們像彈珠一樣，從這一刻的危機彈到下一個，根本沒有時間去消化、處理自己的想法。我們被期待不斷前進到下一個狀況、下一個悲劇，而不談談剛剛發生的案例或情況。我們被期望每天隨身帶著這些悲傷包裹，或者快速學會如何築牆，以便與痛苦隔離。但是在照顧病人時，你本能地會開始關心他們。而當你關心的人發生任何事情時，沒有哪道牆足夠堅固厚實，能使自己免受傷害。

進入醫學院的前十八個月，我們多半聚集在黑暗的演講廳裡，吸收解剖學、藥理學和生理學的知識。我們試圖了解疾病的形成過程，仔細繪製腹股溝三角的陰影圖。不過，在第二年過了一半時，每週有一個下午，我們被允許步行十五分鐘到萊斯特皇家醫院，那裡有一位工作過度的疲憊醫師，勇敢地承擔起輔導的責任，幫助我們為病房生涯做準備。在接下來的幾年中，我們多次走著這段十五分鐘路程，但都沒有像第一次那麼熱情。我們的聽診器在脖子上擺動著，腳步輕快跳躍。那感覺像我們投注大把時間埋首教科書的小小回報。我們第一次感覺自己像**真正的醫師**，在步行的過程中，我們一遍又一遍向彼此提到這一點。

在醫院上課的這段珍貴時間裡，我們被指派給一位小兒放射科的專科醫師。他很聰明且經驗豐富。他知道如何在不失控的情況下激發我們的興奮感。我們聚在一間病房隔壁的小房間裡，他讓我們體會困境、感受情境、研究案例和深思各種問題。我們可以同時聽到患者的聲音作為背景。那是真正的病人，就在幾公尺之外。我們興奮得頭暈目眩。

「想像一下，」有一天他問我們，「你正在察看患者某個與肺癌無關的症狀，而他向你提到他之前已經被診斷出肺癌。你會對他說什麼？」

我們那緊張的八人小組互相瞄了瞄對方。我年紀最大，應該帶頭發言。我說：「我會跟他說，很遺憾聽到這個訊息。」

專科醫師對我大大地皺了眉。「不，你不會這麼說。事實上，那是你最不該對他說的一句話。」

我稍微試著要爭論。作為一名二年級醫學生，我懂的是不多，但我確實充滿了同情心，可以用來彌補實際知識的不足。醫師應該是仁慈的，應該要對病人表達同情，不是嗎？如果不能說我很遺憾，那到底能說什麼？

專科醫師說：「你應該說，謝謝你告訴我這個資訊。說『很遺憾』是一種價值陳述。那些話很沉重，你可能會給他承受不起的沉重負擔。」

他是對的。當然，我現在知道他是對的。只是當時我還不明白為什麼說自己很遺憾會是個問題。現在我明白了。我了解到，我們給別人的每一個字都帶著相應的負擔，對某個人輕如浮雲的詞語，可能是另一個人難以承受的重量。我們每個人都以不同的尺度來衡量每一個字。

在習醫的過程中，我學到了很多關於衡量字詞輕重的事。在我還是非常菜的初級醫師時，我曾經接到一個艱難任務，要負責告訴一個年輕人和他的家人，他患有思覺失調。這是一位比我更有智慧、更有經驗的醫師所做出的診斷，但是由於道路淹水加上事先安排的緊急會議，我成了傳遞這個消息的人。我盡了所有的努力。我記得他們全都非常沮喪，這一點我完全可以理解。我記得我對這個年輕人說，他和五分鐘前的那個自己完全一樣，一切都沒有改變，我只是給了他一個詞，他仍然是以前的自己。但是，他當然不再是原來的自己了。隨著這一個詞，我給了他任何人在一生中都不該承受的重擔。因為字詞永遠不會只是字詞而已。

在那段「說遺憾很危險」的對話發生幾年之後，我被派到郡立醫院，接受最後一年的醫學院實習，我分配到的實習單位是癌症照護。我到那裡的來回車程要五個小時，這給了我很多時間來反思癌症照護這件事，以及這些字的意義並不像大家所想像的那麼明顯。

作為一名學生，在那家醫院（或任何一家醫院）所面臨的挑戰之一，就是要尋找可以交談的患者。這是醫學生大部分時間在做的事情。他們盤旋在各個病房，拚命尋找願意告訴他們一個故事的病人。這是練習記錄病史以及了解檢查、用藥與治療計畫的一種方式。當你成為醫師進入病房時，課堂上的角色扮演就成了現實，教科書中的某一頁變成了某個人的人生。與患者交談是最好的學習方法，但這通常不是件容易的事。

某天，我疲於奔命地在整個腫瘤科（還有診間及化療室）尋找可以交談的病人，在最後背水一戰的嘗試中，我找到病房中看來最友善的護理師，問她是否知道有人可以忍受我十分鐘。

護理師環顧四周，搖了搖頭，說她不認為有這樣的人。

「角落床那位女士呢？」我說。「在織毛衣的那位？看起來有可能嗎？」

護理師看了我一會兒，然後從手推車裡拿出一張紀錄遞給我。

位於角落床的女士患有末期大腸癌。她試過了所有的治療選項，已經準備接受安寧療護小組照護了。在麥克米倫護理師以及社區醫療工作人員的專業協助下，她準備辦理出院手續。角落床女士正要準備回家邁向人生終點。

看完資料後，我抬頭看著護理師。「我找她問問題，是不是太自私了？是不是浪費她的時間？」

「不會。她會很高興跟你說話。」

「那……？」

「你可以和她說話。」護理師說。「但前提是你得答應絕口不提『癌症』這個詞。」

「你說什麼？」

「或者是惡性、安寧療護或腫瘤，甚至是增長。這些話都不要說。她不想聽到這些詞。她拒絕聽到這些詞。」

「那我該用什麼詞呢？」

「除此之外，其他所有的詞都可以用。英語中成千上萬的其他詞都可以，除了剛剛那幾個以外。」

角落床女士的確很高興和我聊天。但是她的丈夫保持沉默。他顯然是下班後直接趕過來的，一天生活的痕跡躺在牛仔褲的皺褶裡，刻在靴子的皮革上。他坐在她旁邊的椅子上看著我們。她說個不停，但在說話的同時仍不斷編織，整個床上都是毛線，你可以想像得到的各色羊毛線。毛線針不停地重複向後、向前移，隨著這樣的移動，多餘的思緒也逐一被消除。

我們談了很多事情。我們談到書、電視節目以及假期。角落床女士告訴我，她正在織小寶寶的衣服，因為她剛知道媳婦懷孕了。我在那個話題的邊緣搖擺了一下子。要掉進這個話題真是太容易了。為將來的場景著色，那些我們知道注定不會發生的場景。我拒絕了這個誘惑，因為我知道我會呼應那些情境，不是為了讓角落床女士感到舒適，而是為了讓我無牽無掛的生活稍微好過一些。

「他們結婚一年了。」她說。「到去年八月剛好滿一年。」

「是喔？」我說。

「大約就在那段時間，他們告訴我，我的腸子有問題。」

故事隱藏在所有字詞裡面，但它就在其中，你只需要傾聽。

我可以看到她的丈夫向前靠近了一點點。

「但是我現在已經接受完所有治療，我要回家了。」她說。「麥克米倫護理師會來幫忙，不過他們只是來幫一下子。」

「哦，麥克米倫護理師太棒了，」我說，「當我父親生病時，他們幫了大忙。」

我說出來了。

我跌進去了。

我本來做得很好，但我被自己放錯位置的仁慈給絆倒了。

她的毛線針停了下來。

「你爸爸現在好嗎？」她說。

我猶豫了。我看著她的丈夫，他的眼中滿是疲憊。那是一個完全沒有希望的人，絕望的模樣令人難忘，而且絕對不可能認錯。我發現，他就是那個收集所有不想被聽到的字詞，然後每天將那些字詞背在身上的人。

我父親會諒解的。他會原諒我的。

「嗯，他很好，」我說，「真的挺好的。」

下個星期一，我回到醫院時，那位女士已經出院了。原來的床位上已經有了另外一個新病患——另一個故事，另一組字詞。我又再次在病房徘徊，尋找可以交談的病人。

作為醫學院學生，我記錄過許多病史，但是角落床女士教導了我最多有關「字詞」的力量，她讓我知道，為什麼說「我很遺憾」不見得是種仁慈；為什麼有些字詞會如此沉重，不論說的人是有意還是無意，都在傳遞那些字詞的同時永遠改變了對方。她也教會我，不論是不是醫護人員，都應該更謹慎地選擇用字，因為我們永遠不知道那些字詞會被對方如何衡量。

醫學院學生一直在尋找可以講故事給他們聽的人。如果哪天你躺在醫院病床上，你一定會被至少一個醫學院學生接觸到。如果可以，請試著接納他們。他們會感到不確定和緊張，會為自己的用字遣詞而感到沮喪，但如果你願意花時間與他們交談，他們會非常感激。這是練習記錄病史以及了解檢查、用藥與治療計畫的一種方式。當醫學院學生成為醫師進入到病房時，課堂上的角色扮演就變成了現實，而教科書中的某一頁也成了某個人的人生。

與患者交談是最好的學習方法。

但這通常不是件容易的事。

09。錯置的仁慈

身為醫師，最需要意識到的重要事情之一，就是患者將永遠記住你如何對待他們。即使經過幾十年，他們也可以立即回憶起醫師對他們說的話、看著他們的方式，以及那些話語和表情帶來什麼感覺。我之所以知道這一點，是因為我自己也曾經是病人，而我也非常清楚記得那給我的感覺。

我經常想起我經歷的那場車禍，通常是在開車時想起，我也不知道為什麼會這樣。我很少走車禍發生的那條路，那件事也不常出現在我腦海裡（不過，如同許多重大生活事件一樣，我確信它就在大腦的某個地方，就藏在其他想法的後面）。

有時候，我會順帶提到這件事，通常是有人提議搭計程車或共乘時。我必須搬出一貫的「幾年前我發生車禍，所以不喜歡其他人開車帶我到任何地方」這番說詞，每次我參與有關如何從A點到B點的決定時，都會出現一種熟悉的焦慮感。還有些時候，當我開車駛過北德比郡荒涼的山丘，視線中沒有任何車輛時，我就會開始想起那次車禍。

在經歷過一段難以置信、足以改變人生歷程的創傷性經歷後，大腦似乎會篩除所有重要細節，只留下一些細微的記憶。聽覺的、嗅覺的、結構性的記憶。我不記得事故本身，但非常清楚記得事故發生前的時刻。我記得我沿著一條筆直的鄉間小路行駛，被許多汽車超車，因為我是個超級慢速駕駛（感謝老天）。我記得爬上山坡。我記得那是一個涼爽晴朗的夜晚。我記得自己在想著回家後要吃什麼。

然後，接下來的記憶就是我睜開眼睛，意識到汽車不動了。我完全靜止。就在我面前兩公分之遠，我的大燈照亮了一片乾石牆，明亮如劇院舞台。我研究了覆蓋石頭表面的整片苔蘚，微小無花但卻如此美麗。我心裡想，我每天經過這條路，以前怎麼從來沒有注意到這些。但我知道哪裡出了點問題，我知道我不應該在逆向的馬路中央驚嘆著青苔的美，所以我伸出手打了危險警示燈。那時我才看到自己手上全都是血。

我在試圖理解發生了什麼事的時候，一定又失去意識了。當我下次再睜開眼睛時，有個人站在汽車旁邊。他說他是警察，這是他下班途中恰巧碰上的第二起事故。所以，我想我應該是出了車禍。我想問他問題，所有的問題。但是他在整個說話過程中都沒有看我，我只好盯著他夾克袖子上鬆掉的鈕扣，心裡想著那個鈕扣很可能會不見，然後就再也找不到了。

最後，我被抬出車外。他們讓我坐在警車前座，把我一個人留在混合口香糖及吸塵器吸過的汽車座椅氣味之中，試圖安頓腦海中四處游移的混亂思緒。附近某處有警用頻道發出嘶嘶聲，在我聽不懂的亂七八糟詞彙之中，我聽到對方說這是致命的撞車事故。致命？那時我沒有意識到還有另外一輛車牽涉其中，我的整個腦子陷入恐慌，試圖思考誰可能和我一起在車上，而且死了。我想過每個我認識的人、關心的人。我竭盡全力思考所有可能性，最後確定我是自己一個人在車上。但是，如果我是一個人在車上、而這是起致命事故，那麼死的就一定是我了？這個念頭停留了很長時間。或許實際上只是片刻而已，但那是我一生中最恐怖、最超現實的片刻，我心裡想著這一定就是死掉的感覺了——在一片黑暗中又冷又孤獨，聽著遠處陌生人的聲音。

直到他們把我放到救護車上，綁在一個鋪著毛毯的狹窄地方並接上儀器之後，我才接受了自己還活著的事實。我還在這裡。我只是到很晚很晚才意識到這是多麼不可能。跟剛剛那位剛下班的警察一樣，醫護人員也沒有看我，他盯著他的靴子。他在一片黑暗的救護車中，透過小窗戶向外望。那個窗戶是用緊急服務車那種奇特的磨砂玻璃製成的，我記得我還在懷疑，既然完全看不到外面，為什麼還要盯著窗戶看。我試著要和他交談，但不確定那些字到底有沒有離開我的腦袋，從嘴巴裡吐出來。他當然沒有回答。

那時的我沒有覺得哪裡痛，唯一能感覺到的就是嘴巴周圍濕濕的，感覺像是鼻子在流鼻水，而我一直試圖用手背把它擦掉。

「不要碰你的臉。」他告訴我。

這是他在整個車程中說的唯一一句話。在我生命的那個階段，我對醫護人員的參考點來自於影集《急診室》中的喬許。但這起事故的醫護人員不是喬許。在我的第二本書中，有一整個篇幅專門描述醫護人員。書中的護理人員都非常友善、令人安心且體貼。我想，作者有時可能會重述一段生活經歷，並把它轉變成自己希望的樣子。

到達醫院後，我被推過一個充滿注目眼光的等候區，進入急診區，那裡有一群人圍著我的推床。我看不到他們是誰，只能看到他們的前臂和海軍藍色的袖子，他們刷洗過的手，以及在我頭上傳遞的東西。我被送去進行掃描和X光檢查，在經過走廊時，我可以看到天花板上一條又一條的燈管。另外，我在整個過程中都一直希望有人能為我擦掉鼻水，我只記得我想要他們做這件事。後來，當我在急診區工作時，始終會想起那次的經歷——當你的視線只能看到人們的袖子和手臂，以及天花板上炫目到令人眼睛的螢光燈時，那會是什麼樣子，又有多麼恐怖。

那群藍制服小組確定我穩定下來之後，又迅速移動到外圍去，而我又被獨自一人留下。就在這時候，她出現了。一個初級醫師。她很年輕，也許只比我大一點，她靠在我的床邊。

「別擔心，」她說，「我的朋友在希臘潛水時撞到岩石，也是傷到臉。」

我確切記得她每一個用字。我記得同情從她的眼中溢出。

「一開始很糟糕，」她小聲說道，「但現在根本完全看不出來。」

我想說，我臉上不過是擦傷而已。沒什麼。他們可能會縫個幾針，然後就要我回家。你為什麼這樣看我？為什麼這麼擔憂地看著我？

但是我什麼都沒說。我只是盯著她。因為在陌生人安慰我的這個短暫時刻，她的話讓我意識到，我變成了一個需要被憐憫的人。

當我自己成為初級醫師時，也體會到了這一點。因為，你總是被自己永遠比不上的聰明人、經驗豐富的人所包圍。你感到毫無意義，感覺自己是多餘的。你覺得無能為力，所以只能付出自己唯一有信心付出的，那就是同情心。你會說一些話——過多的話——來彌補那種幫不上忙的感覺。急診區的那位初級醫師只是想表達善意，但是她的好意把我嚇壞了。

過了很久以後，我才理解到她為什麼會那樣說。當我被送到病房時，我說服護理師讓我自己去洗手間。我站在裡面，隔著洗手台抬頭望向鏡子。那是我在事故後第一次看到自己的新面孔，我震驚地向後退了一步，因為我以為有別人闖進來了。最後，我終於知道為什麼我一直感覺在流鼻水。車禍的撞擊壓垮了汽車的整片引擎蓋，而我整個人往下滑，膝蓋撞在駕駛座下方的擱腳處。撞擊使我的頭部先撞向儀表板，在那個安全氣囊還沒問世的年代，我的臉撞壞了方向盤。堅硬、鋒利的塑膠碎片刺進我的嘴巴和鼻子，從骨頭上把肉撕裂下來。被撕裂的肉多得可以——如果你想要的話，可以把我整個臉從頭骨上拉起來，就像面具一樣。我之所以沒有感到痛苦的唯一原因，是因為那裡已經沒有留下任何神經末梢，向我傳遞痛苦的訊息。

我在開車時會想到這種種事情，但卻不太會想到受傷、康復的那幾個月，以及我花了許多年適應新面孔。我最常想到的，是急診區的那位初級醫師。我想著她出於好意但錯置的仁慈，是如何在我本以為自己不可能再更害怕的生命時刻裡感到恐懼。

我思考著仁慈的危險性。

事故發生後的許多個月，我由於口腔受損而無法進食（我必須用一根細吸管喝香蕉口味的安培營養飲料，即使經過多年，每次要開這個處方給別人時，我都還記得它的味道），我也不會說話。或者應該說，我可以說話，但發出的聲音對其他人而言一點也不清楚（即使在我聽來完全是可以理解的）。所以我被迫寫下所有想說的話。寫下想說的話是一個很棒的練習，它教會你要少一點脾氣，少一點暴躁，多一點專注。以我當時不快樂和沮喪的程度來說，先把想法寫下來，代表我不會不經思考就拋出那些不快樂而沮喪的字句。我心想，如果所有人在說話時，都能像寫字時那樣謹慎地選擇字句，那麼這個世界可能會讓人比較能夠忍受吧。

我喜歡大家懷抱著同情心和彼此關愛，也喜歡關於小善舉的主題標籤和這種美好精神，但你不能把仁慈像泥巴一樣甩出去，然後期待它會自動黏上正確的地方。仁慈的話語跟其他從口中及鍵盤中冒出來的字詞一樣，都需要仔細留意，並且放在合適的位置。你真的有可能一不小心就把仁慈「放錯位置」了。仁慈並不是一體適用所有人的。仁慈不是種被追趕的流行，儘管它可能是我們所擁有最強大、最有能力付出的特質之一，但如果欠缺謹慎考慮，它也可能是最殘忍的，像種精心策劃的殘酷行為，會對聽者造成很大的打擊。因為仁慈善良的回音的確會永遠傳遞下去，不論它是好是壞。而你可能會發現，多年以來，你發自最大善意所說的話，會被一個陌生人想起——當她開車回家，經過北德比郡的荒涼山丘，視線中沒有任何車輛的時候。

10。玫瑰小屋

在醫學院開學的第一天，我們被告知，在接下來的幾年內，我們將接受培訓以治療疾病，幫助患者健康生活，同時幫助他們在安適的環境中死亡。我們也被告知永遠不要忽略觀察病人。我們的教授（也是我們的解剖學講師，一位將於當年退休的外科醫師）說：「一定要觸診患者的腹部。」這是他提供我們的終生建議，在多年後仍持續被提倡，並被稱為「以患者為中心的照護」。也正是這同一位醫師告訴我們，要謙虛接受「我們將要學的，有可能在讀完醫學院時就已過時」這樣的事實。永遠不要停止學習，也要能接受「原以為是事實的，也可能會改變」。還有，要表達遺憾。這些年來，我常常回想起這些話。

——專科醫師

我就讀醫學院三年級時，常在護理站附近閒逛，想讓自己看起來像個有用的人。有一次，我聽到一位護理長在講電話。

她正在打電話給傳送室。不論在白天或黑夜，都不斷有人需要傳送員。他們被找來移動推床、病人以及機器設備。他們穿梭在醫院走廊，根據需求傳送X光片和血液檢查結果，還負責傳送緊張的病人。但這通電話不一樣。這個需求很安靜，而且也不緊急。

護理師告訴對方：「我有個包裹要送玫瑰小屋。」

起初我聽不懂。玫瑰小屋是行政大樓之一嗎？是這裡的某棟建築嗎？是那個在醫院遠方角落，有書記在打字、整理患者檔案的地方嗎？如果是這樣，為什麼我們要把包裹送到那裡，而且為什麼要這麼低調呢？

對於當時的我、當時經過護理站的人，以及任何可能聽到對話的人來說，這句話沒有什麼意義。但是對護理師和傳送人員而言，這是一個代碼，代表病人已經死亡。

要送到玫瑰小屋的包裹，就是要送到太平間的屍體。

我在當初級醫師時，被呼叫執行的第一個工作就是宣告病人死亡。那是我剛到醫院的第一天，剛脫離醫學院生活，既新鮮又無瑕，也還沒有被疲憊和無助感所傷害，仍然因為想成為某種醫師的願景而充滿能量。呼叫器在我到達醫院後的幾分鐘內響起，我帶著孩子般的天真心情回電。

「我是坎儂醫師。」我報上名字，一邊體會著這些字說出來是什麼樣子。

電話的另一端說：「你能來病房宣告死亡嗎？」

這真是非常糟的第一個任務。我原本想像會被賦予其他任務，但我想一切都沒問題。畢竟，我的訓練已經為我做好了準備。

在醫學院，我們很少接受有關死亡的教育。我們學習許多有關死亡過程的知識，我們閱讀教科書，學習有關「最後一口氣」背後的生理機制，以及最終會殺死所有人的疾病的病理學，但關於死亡本身的說明卻非常有限。那裡有一個空間，在「疾病宣告勝利」與「正確填寫死亡證明」之間的空間，一個包含了親戚、沮喪、混亂和反思的空間，一個經常包含著自我懷疑的空間。

在當初級醫師的第一天之前，我從未與自己家人外的死亡相遇，除了解剖室裡被分割、由皮革包裹著的屍體，以及太平間的俐落驗屍儀式。作為一名醫護人員，我從未與某人的生命終點面對面——至少，我還沒有跟「不是靜靜躺在不鏽鋼桌上」的死亡面對面。但我那天還是前往病床，執行我作為初級醫師的第一個任務。我感覺自己已經做好準備了。

而且，我的確知道如何量脈搏、如何尋找呼吸的跡象。我確實知道如何檢查心律調節器並填好死亡證明。這些學校都有教，我可以應付這件事。

但是我無法應付的、我所不知道的，是我在某人生命的盡頭走進房間，看到房間周圍的所有小細節告訴我這個人是誰以及他的故事時，會有什麼感覺。裝滿編織物和早日康復卡片的袋子，已打開並吃掉半包的 Polo 薄荷糖和拼圖遊戲書。留在我心裡最久的是床頭櫃上的平裝書，一本永遠闔上的書，夾在裡面的書籤將永遠停留在故事的一半。我看著那本書的影像，將它收到心裡，和在其他病房收集到的小細節放在一起，跟著我踏出病房，成為我生活的一部分。但我卻沒有意識到，就是這眾多細節的重量，最終擊垮了我。

我到達病房準備宣告死亡，從牆上的盒子裡拿了一副乳膠手套。那一區的其他人看著我消失在病床周圍的簾子後面。

我不認識病人，也從未跟她說過話，或參與她的醫護過程，我只是剛好是那天的值班醫師，又恰好在她去世時被呼叫來宣告死亡。當我進行宣告時，還可以聽到薄薄簾子外的病房傳來的聲音。九十二年的人生結束時，背景音樂竟然是餐車和吸塵器的聲音，還有訪客交談的窸窣聲響，這樣的組合令人不舒服，近乎殘酷。完成所有流程之後，我脫下手套停下來。我環顧了四周，尋找還有沒有其他事情或任務要做，但一切都已經完成了。不過，我還是等了一會兒。作為一名醫師，我已經履行職責；但是作為一個人，我覺得需要以某種方式觀察一個人的生命盡頭。我覺得自己不可能就這樣轉身離開。要我把手套扔到最近的垃圾箱裡，繼續原先的輪值工作，對眼前這段漫長生命似乎是一種不可思議的輕蔑。

當我最終離開那個小布簾隔間時，病房裡其他人的目光仍留在我身上。我把簾子拉起來，然後稍微環顧了四周。大多數病人都有訪客，他們很好奇，但沒有太苦惱。不過，隔壁床的那位女士顯然很沮喪。我看到她手裡拿著紙巾，但不是用來擦眼淚，而是把它摺好又打開、摺好又打開，一次又一次。我在她床邊的空椅子上坐下來，等著她開口。

過了幾分鐘之後，她看著我。

「我對她大吼，」她說，「昨天夜裡，我對她大吼，要她閉嘴。而現在她死了。」

我說：「這你不會知道。」

那個女人說：「她吵得很厲害，不斷發出聲音，一直呻吟。」

我伸出手握住她的手，摺好又打開的動作停止了。

「如果你知道別人會死的話，就不會對他們大吼大叫，對吧？我真不知道要怎麼原諒自己。」

當傳送人員到病房運走屍體時，其他病床周圍的簾子都拉上了，而通往這個區域的兩扇門也都鎖上了。屍體消失了，像變戲法一樣不見了，它經過醫院地下室一扇沒有標記的門，被吸入太平間的儀式中。它成了玫瑰小屋的包裹。當其他病床的簾子重新被打開時，令人驚奇的是，那九十二年的人生感覺好像從來沒有存在過。

我們不談死亡。在這個年代，我們對自己的開明、開放引以為豪，對死亡卻仍然保持沉默，把它藏在簾子、代碼和縮寫後面。對人類來說，死亡使我們想起了必然性。對醫師來說，它突顯了我們所理解的軟弱，但這種軟弱其實是種謬誤。我們花費了數年學習如何修補人，我們準備充裕的藥品、滴劑和機器設備以便應戰，我們為死亡而憤怒、戰鬥、爭辯直到最後一刻，好像把它當成我們「是否有用」的評估指標。與過去多年的臨床醫師不同，現在的社會拒絕將生命的終結當作自然發展來談論，因為這樣做會威脅到我們的自我認同。

這樣的固執是要付出代價的。我們預演與患者進行有關死亡的對話：

如果發生心臟驟停，您希望我們實施心肺復甦急救嗎？

要！他們大喊說要！**要**！他們當然會有這樣的反應。除此之外的選項通通免談。這些困難對話的缺口被各種新療法、藥物試驗以及希望給填滿。死亡已成為敵人，垂死已成為戰場。病人根據這些對話做出治療選擇，但我們沒辦法公開坦誠地談論死亡，這意味著我們可能會讓自己努力幫助的人們受到傷害。死亡從來不是像電視上演的那樣。我曾經無數次在醫院四處尋找專科醫師簽署**拒絕心肺復甦術**的表格，因為患者病情惡化，已經沒有相應的下一步計畫了。死亡可能是吵雜、麻煩而混亂的，護理人員又再次被留下來拼湊這些碎片。英國衛生部的研究告訴我們，有百分之七十的人說他們對談論死亡感到自在，但只有少數人已經與家人討論過要怎麼處理身後事。雖然大多數患者表示希望能在家離世，然而，由於臨終的醫療化，只有少數人能達成這個心願。

幸運的話，我們將能體驗安寧療護團隊沉靜的智慧，我們將能在家善終，或有一間活動隔間房。我們將進行坦誠而公開的討論，以一種有選擇、有能力的感覺說出「生命終點療護」，而不是在彷彿失敗的氣氛中談論。在我們學會如何進行這些對話之前，在我們不再使用代碼和縮寫交談之前，總會有一些患者的需求無法被傾聽，也永遠會有玫瑰小屋的包裹。

九十二年的生命應該值得比薄布簾後餐車上的刮盤聲更好的對待，值得比被陌生人包圍的病房角落更好的對待。它值得有所選擇，值得更多的尊嚴。隨著醫學越來越先進，藥物和治療使我們活得更久，將「情緒健康」像對「身體健康」一般照顧越顯重要。幸福長壽的一生不該只是一個數字而已。

11。空間

醫學院幫助我有能力診斷與治療那些我在教科書外可能永遠遇不到的疾病，卻沒能幫我做好應對死亡的準備。我是部門最資淺的醫師，所以我被告知（甚至不是被要求）去告訴病患家屬，他們的丈夫、父親——那個剛剛還好好的人——已經因心臟病而離世。我在狹窄的走廊告知對方這個消息，毫無準備，表現笨拙而糟糕，完全沒有幫助到需要被照顧的人。這是我在醫師生涯中第一次面對死亡。

——專科醫師

在醫學院三年級時，你會被帶到一邊，傳授「如何告知壞消息」的課程。課程中包含了重要的建議，例如：

確保手邊有一盒面紙。

以及

一定要讓對方有說話的機會。

關於這些，他們甚至還發展了一套有用的輔助記憶法，以防萬一你暫時忘記如何做一個「人」。醫學裡的所有事情都有輔助記憶法，甚至連死亡也有。

用於傳遞壞消息的輔助記憶法是SPIKES，是一套簡便的六步驟準則：**安排**（set-up）、**感知**（perception）、**邀請**（invitation）、**知識**（knowledge）、**同理心**（empathy）、**總結**（summary），六件事畫成六個方框，一一打勾確認做到。然後我們一次又一次地圍繞這些方框練習對話，直到能把所有內容整齊地放入其中。學校也會舉辦研討會，讓我們進行角色扮演、感受自我意識，並在彼此身上試用輔助記憶法。最後，有經驗的演員會來幫助我們檢驗是否牢記六步驟準則。可惜的是，他們並沒有測試我們直接面對死亡的能力。演員會在對話中留出空間，讓我們可以仔細放入輔助記憶法的各個元素，因為演員都知道這些步驟。但是，我們在醫學院保護罩外見到的患者們可不知道這些。

醫學院課程快結束時，就會開始安排輪值。也就是說，我們不僅要在醫學院上課時間內跟著某個部門運作，還要見證它全天候的狀況。因此，即使是在期末考之前，在平常應該已經回到家或上床的時間，我也必須留在急診室。

這樣的夜晚絕對會伴隨著傾盆大雨。在這種天氣下，人們會大聲咆哮、跺腳並發出大量清楚的喘氣聲。除了有個人在其中一個小隔間裡戲劇性地嘔吐之外，整體還算平靜，我幫自己買了一些巧克力餅乾，坐下來準備寫我的工作紀錄。

我才剛坐下來幾分鐘，電話鈴聲就響了。這在急診部門並不罕見，但那不是普通的電話，而是一種有老式鈴聲的特殊電話。當這支電話響起時，意味著有非常糟糕的事情發生了。這一次，非常糟糕的事是一位名叫潔西的八十三歲老太太心臟病發作。

當這支特殊電話響起時，神奇的事情開始發生。人們不知道從什麼地方紛紛冒了出來，穿上塑膠圍裙。他們會帶來許多神祕的裝備，開始記錄一切。如果你想找良好團隊合作的例子，急診室會是一個不錯的起點。一切都以驚人的效率完成，幾分鐘後，每個人都被賦予了角色，表演隨時可以上場。現在只要等潔西來就可以開始了。

潔西到達醫院時，並沒有影集《急診室》裡的那種衝擊和戲劇性，而是安安靜靜、幾乎是不好意思地穿過醫院後面的救護車區。一位護理師在做胸部按壓，但她沒有像電影演的那樣跨坐在潔西上方，她身上也沒有喬治．克隆尼的影子[7]。醫護人員形成一條長長的人龍，從我旁邊飛速經過，消失在急救室的旋轉門後。然後，在醫護人員、一袋袋生理鹽水、紅色毯子和一團混亂後方，我看到了潔西的丈夫。他很老、很困惑、全身都被雨淋得濕透。他們問他想不想坐在家屬等候室，但是他太心煩了，那種心煩會讓你想要走來走去。半個小時前，他可能和潔西一起坐在客廳裡看電視，想著該上床睡覺了；現在，他卻身處明亮而嘈雜的醫院裡，妻子躺在擔架車上，身上布滿導線和毯子，被一群陌生人包圍。我也有過那種心煩，所以我知道，在這種時候，你最不想做的事就是坐下來好好喝杯茶。

他們非常努力搶救潔西，但她八十三歲的身體已經受夠了，想要離去。我看著他們對她施救。我看著藥品流入、血液被抽出、看著他們宣告死亡時間。我懷疑自己是否會有習慣見證死亡的一天。不過，讓我沮喪的不是死亡的部分，而是在此之後的部分，那每每讓我難受。

7 喬治．克隆尼曾在熱門影集《急診室的春天》中飾演急診室醫師。

我知道，不久後他們就會把潔西的丈夫帶到一個安靜的房間。在那裡，他們會用一句話徹底翻轉他的人生。他停止了踱步，當我離開急救室時，他站在走廊的中間，盯著地板，尋找著容身之處。我看著他站在那裡，世界在他身旁運轉著。此時，我才留意到，他的手臂上掛著一件海軍藍色、微皺的雨衣，皮帶拖到了地上。那是潔西的雨衣。

身為一名醫學生，我曾坐著旁聽過很多病人被告知罹患癌症，生命即將終結。我聽過許多專科醫師開出警告性的一槍（「**抱歉，瓊斯太太，我要告訴妳一個壞消息。**」），而我也親眼目睹了在這些話之後令人窒息的沉默，因為我們都在等待病人的回應。

沒有任何一種沉默像那種時刻一樣。

當患者終於開口說話時，他們通常會提出一個保持正面的理由。他們會引用朋友說、網路說、報上說等等，他們會告訴你，他們讀過某人的故事，或某個認識的人所認識的某人的故事，或是有人告訴他另外一個某人的故事，各種違反醫學法則的奇蹟故事。最後，當所有這些對鼓舞、振作的嘗試都失敗時，他們會給你最後一片樂觀的碎片。僅存的一片。

「**不過，現在醫學這麼發達，每天都會有驚人的新發現，不是嗎？**」

然後他們會停頓一下。那是個對話的缺口，在每一個字之間的空間，等著你填進一些希望。不過，有時候就是沒有希望了，有時候就是沒有什麼可說的了。這個空間仍然空在那裡，在它吞沒其他所有東西的時候，你會聽到它發出聲響。

醫學裡充滿了空間。

病房和診所被建築在空間之上，一個放置盼望、可能、樂觀和期待的空間。我們在這些空間中等待檢查結果、X光片、掃描報告。我們開出處方藥，當它們在患者的血液中四處流動時，我們會在施藥和反應之間的空間屏息以待。候診室裡充滿了各式各樣的空間。當醫師看診時，患者會在醫師的眼中尋找答案，把焦慮暫放在桌子上的寬敞空間。在病房裡，親友們擠進活動隔間房，尋找能帶來寄託的某些耳語。在他們彼此之間的空間裡，在簾幕透出的光亮之中，希望就在那裡。

許多實習機構都會鼓勵醫學院學生在病房實習時找到特定患者，從入院到出院全程跟進，記錄病史並了解他們，追蹤各種診斷和治療過程，並在出院時撰寫報告，說明我們的想法和學習收穫。尋找患者的競爭非常激烈，許多「最佳」患者早早就被搶走。理想的病例候選人要夠有趣，足以讓我們在事後完成一份精彩的簡報；但又不能過於有趣，免得負責該病例的專科醫師問你各種稀有、不尋常的問題，讓你必須閱讀各種稀有、不尋常的案例，導致工作量大增。

在某一次的實習中，我搜索著病房，想找到可以跟進的病人。我讀完堆滿病歷的手推車，在電腦螢幕上瀏覽轉診單。我走遍了病床隔間，追問了護理師。在醫院病房中，老年人的比例很高，名單中約有百分之八十的患者年齡在七十歲以上，可能在幾週前摔倒或因胸腔感染而住院。他們的問題早已解決，但已經不能恢復原來的生活。他們的人生翻到了嶄新的下一頁，他們再也無法應付樓梯、花園小徑或生活，因此在醫院的病房和隔間內等待著另一個開始。我喜歡和他們交談，因為他們的故事如果沒有人聆聽，最終就會無聲無息、永遠消失。不過，這類型的病例不適合拿來做簡報。我開始懷疑能不能碰到合適的案例，幾乎打算放棄了。但當我再次走訪急診室時，我終於找到一個理想病例——他就躺在重大病症區的擔架車上。他的名字是保羅，今年三十八歲。

保羅因體重減輕和食慾不振而被家庭醫師轉診到這裡。他的腹部隱隱作痛，疼痛一直延伸到背部，還有隱約的噁心感。醫師的候診室到處充滿了模糊不清、無法確定、雜亂無章和模稜兩可。很多疾病都可能導致那些狀況，有些疾病是極惡性的，有些令人不安，有些症狀會自行消失，有些則需要緊急關注。家庭醫師肩負的高難度任務，就是要

「從貓咪中挑出老虎」[8]。讓家庭醫師懷疑這裡可能有隻「老虎」的，並不是隱約的腹痛、噁心，也不是體重減輕、疲倦或「有點不太對勁」的感覺，而是黃疸。

每個醫學生都有一份「病房現場症狀清單」，需要在方框框中打勾確認。杵狀指和紫紺，心律不整和腹水。黃疸在清單中名列前位，我們在醫院裡找尋這些症狀的病例，我們的筆停在紀錄表上，像醫療界中的賞鳥者一般。

「**你覺得四號床的病人有黃疸嗎？**」我們小聲地交換意見。

在我們有信心在框框裡打勾之前，所有人都會走過去，悄悄地觀察幾次，不想被誤導。我們不確定，無法百分之百確認。

直到第一次真正看到黃疸，我們才理解到這絕對不可能誤判。就像我那天在急診室看到的那樣，你不需要走到床邊好幾次，不需要猶豫或自我懷疑。當你看到那樣的黃疸時，你就會知道那不可能是其他症狀。

我走過去，在他床邊徘徊。保羅抬頭微笑，他的妻子也抬頭微笑。我向他們自我介紹，我很快地解釋我不是醫師，因為我很早就學會，如果你戴著聽診器，但很明顯已經

8　形容從相似的症狀分辨出嚴重的疾病。

不再是學生年紀的二十一歲，那最好把這一點聲明清楚。人們總是看著你的臉，而不是你的名牌，這就是為什麼凱特・格蘭傑的 #hellomynameis（你好，這是我的名字）運動這麼重要[9]，這個運動提醒了國民保健署[10]工作人員向患者自我介紹的重要性。我告訴他們我正在努力尋找一個病例，讓我在實習結束時可以做份報告，不知道他們介不介意和我談談？

他們不介意。不過，他們可能不會在醫院待很長的時間。

我把椅子拉過來，對他們說：「只需要十分鐘就好。」

結果，我整個下午都待在那兒。

我們進行了一些流程：病人主訴、各種跡象和症狀，緩解因素和加重因素，用藥狀況和家庭病史，以及記錄病史時所需要經歷的各個步驟。隨著經驗越來越豐富，你可能只需要瞥一眼，就能確切知道要走哪條路；但作為一名學生，你會非常小心地走每一

9 Kate Granger，英國老年醫學家和運動家，不斷致力於改善患者護理。她在二〇一一年被診斷出患有惡性肉瘤，隨後發起了 #hellomynameis 運動，鼓勵醫護人員向患者自我介紹。

10 國民保健署（NHS），是對英國四大公型醫療系統：英格蘭國民保健署、北愛爾蘭保健及社會服務署、蘇格蘭國民保健署、威爾斯國民保健署的統稱。

條路，擔心錯過重要的事情，堅持問完所有問題，直到找到要搜尋的答案。我把所有訊息都寫下來了，我記下了目前安排的檢查以及床邊儀器的數值。兩個小女孩在我腳邊玩耍。

保羅的妻子說：「我沒辦法在這麼短的時間內找到保姆顧孩子。」

她告訴我女兒們的名字和年齡。女孩們開始覺得無聊，躁動不已，我先去兒童檢查室拿一些新玩具給她們。我回來時，他們告訴我下星期的度假計畫，他們在克羅默有一台露營車，保羅是出租車司機，所以可以在適合的時候安排休假。我父親以前也是開計程車的。我們聊了又聊。我認為這可以分散他們的注意力，這意味著那是我身為醫學生覺得自己有用處的少數時間之一。但這也意味著我沒有發現它。我沒有發現自己做了什麼。

在醫學裡還有另一個空間。

它存在於患者和醫護人員之間，我沒有意識到它，就直接穿了過去。

這個空間的存在是有原因的。

保羅被安排住院接受更多檢查，因此，他和妻子、兩個孩子、玩具、大衣和提包都跟著他從急診室穿過醫院，到達其中一間病房。我陪他們一路沿著長廊走去。我看到了他們臉上的驚訝。我親眼看過許多狀況的序幕，看著人們生命中最糟糕的一天是如何巧妙地偽裝得像其他任何一天一樣尋常。

我在開車回家時想到他們，在吃晚餐、遛狗的時候想到他們。我躺在黑暗中，盯著天花板想著他們。作為一名醫學院學生，我的醫學知識非常有限，但是我打開了燈，從書架上抽出一本教科書，查看了黃疸的病因，然後挑出了最符合黑暗想法的病因。我開始將保羅一家視為朋友，當我在醫師和病人之間的空間游移時，我試圖找到一些可以抓住的東西。

我每天都探望他們。在聽課、巡房之後，在我填寫了早上的工作紀錄、勾選了所有需要打勾的框框之後，我會跑到醫院遠遠的另一頭，看看那邊有什麼進展。當然，我的確應該這樣做，因為那是我的案例研究，我需要掌握進度，但我知道並不只是因為如此。包括我沿著長廊走向病房、拿著學生證刷過門禁時，還有在我拿出工作紀錄本，並從口袋裡掏出筆的那些時候。我知道我已經不是因為在實習結束後需要報告一個病例而出現在那裡，我出現在那裡，是因為我關心。

我在護理師站聽到了談話。我在巡房時保持著醫學院學生應有的沉默。我已經看過掃描了。他們發現一個腫瘤。在醫學裡有很多微小而重要的名詞，但「腫瘤」一詞一定是更險惡的那一類。腫瘤是聚集的細胞，是闖入者，在我們進食、睡眠和享受生活的同時，悄悄地在我們體內挖掘對我們毫無用處的隧道。奇怪的是，我們不會意識到它們的存在。直到有一天，它們包裹、覆蓋或交疊在我們需要的某個器官周圍，這時我們才終於注意到它們。

一般來說，醫師在看到掃描或X光檢查中的異常狀況時，需要特別向學生指出來，因為我們還無法區分哪些是正常、哪些是不正常的。所有器官看起來都很模糊、令人困惑，我們努力將螢幕上看到的圖像與教科書上的圖片連結起來。但這張掃描非常明顯，套句放射科醫師喜歡的說法，這種掃描就像「**倉庫大門**」，顯而易見。腫瘤深埋在胰腺裡，不停擠壓著內臟，積極地持續生長，並推開任何可能擋在它路上的東西，包括膽管，因而導致了黃疸。後續還需要進行更多檢查，才能確定腫瘤的性質及「意圖」，但即使還沒有進行那些檢查，每個人似乎都十分確定答案。

這是胰臟癌。

「但是他才三十八歲。」我對專科醫師說。

「那是人生。」他說。「這是醫學。」

「有可能是別的嗎？」

「**無痛的黃疸就是胰腺癌，除非能證實它不是。**」

這是寫在醫學教科書裡面的。我自己在上課和研討會時也曾親筆寫下，但這句話不再感覺是醫學教科書了，它感覺像個人。

我問：「但你不是百分之百確定？」

「百分之九十確定。」

我從他那裡拿到剩下的百分之十，緊緊握住。

保羅後續又做了更多檢查。他的妻子帶了一本她覺得我會喜歡的平裝書給我。為了讓他們倆休息一下，我經常在娛樂室照顧孩子。有時，我會從醫院商店幫保羅帶一份報紙；有時，我和他的妻子會閒聊昨晚的電視節目。就這樣，我緩慢而確定地一小步一小步跨過那個空間。沒有人阻止我。沒有人把我轉過身來警告我，因為在醫學院裡，沒有人教過關於這個空間的事。也許我們被假設要會自己辨識它，也許我們應該在沒有任何指導的情況下自行確認它的危險。醫師本應向後退、遠離深淵的，但是，往前伸手、找到和他人的連結與共同點、在他人身上找到你的某些部分，卻是人類的基本反射動作。我往前伸手，因為那感覺是再自然不過的事情。

我不知道那最後竟然會成為我的失敗。

在跨科部會議中，專家聚集一室。醫師、護理師、醫院工作人員以及社工人員，全都聚集在黑暗中，盯著陌生人的黑白影像。肝臟和腸子、膽囊和胃的影像投射到巨大的螢幕上。沒有病人在場。希望和可能性在房間裡來回傳遞著，大家進行各種預測、引用各類統計數據、評估種種風險。在這裡，戰線已被劃下，失敗已是被接受的結果。

那天，保羅在名單上，我坐在房間角落的一張硬椅上，在昏暗的燈光下忐忑不安地等待。現在要**輪到我們**了。感覺好像一直都快輪到我們了。

終於，我的專科醫師發言了。他指著螢幕，在各個影像中，有個紅點不斷出現。為了幫助我理解，他解釋了這些地標，就像在人類解剖學中的許多名稱一樣，這些名詞聽起來像神奇旅程中的遙遠目的地。上腔靜脈、膽總管、膽囊三角。由於腫瘤的位置，手術無法成為考慮選項，而且，癌症似乎已經擴散了，好像這樣還不夠似的。肝臟上散布著斑點、肺部有陰影，一支癌細胞大軍正默默地在保羅體內不斷前進。他們談到了支架，談到了化療的可能性，他們說了**安寧療護**這個詞。他們討論的時間單位是週，而不是月。

我抓住椅子的兩側。他們一定可以做些什麼，這裡有那麼多專家，這麼多聰明人，這麼多聰明才智，全都聚集在這個拉起簾子的房間裡，但沒有人能再提出更多建議。螢幕上的影像更換成其他人了，他們接著討論名單裡的下一個病患。

我的專科醫師坐了下來，保羅的時段結束了。他才三十八歲，他從不吸煙，幾乎不喝酒。他四年前參加倫敦馬拉松比賽。他有兩個小女兒，在克羅默有一台露營車。他喜歡蒙提．派森[11]，在每個星期六早上和朋友踢足球。他的妻子叫茱莉，兩人在一九九六年夏天的伯明翰舞池邂逅，當時啤酒一杯六十五元。

我把這些想法全都放進腦子裡，因為我知道這是病人被告知診斷結果時會說的話。他們會將這些話語一點一點地告訴提供壞消息的人，好像提出證明這一切不公平的證據，就能讓診斷發現自己有誤、改變心意，然後離開。這些不是我該說的話，也不是我要打的仗，所以我離開了。我心裡有一種奇怪的欺騙感，我沒辦法回到病房，只好在醫院到處晃。我坐在走廊上、咖啡店裡，聽著不同人們的片段對話，走過他人生活的零碎片段。

醫院就像一個小鎮，這裡有商店和銀行，還有餐廳和花店。有一群人住在這裡，還有許多人從中穿越而過。而在那一刻，我無法確定我想成為哪種人。我只知道我必須繼

---

11 Monty Python，一個英國的超現實幽默表演團體。

續走下去，試圖在深淵中找到自己的路，回到「醫師」的角色中。直到我走完以前從未走過的走廊、穿越從未見過的門和科別時，我終於得出了真相。一旦跨入了醫師與病人之間的空間，無論你再怎麼努力，都無法回到原點。

我的專科醫師問我，他告知保羅這訊息時，我是否想要在場。我說不要。沒有什麼比將別人的悲傷占為己有更令人討厭、更自私了，我擔心自己一旦進入房間，就會無法掩飾那種自私。

我在護理站看著保羅和茱莉被帶進一間活動隔間房，那是通往病房主要走廊旁的一個小空間。我以前去過那裡。裡面有四張坐起來很舒服的椅子和一張茶几，空間非常小，你必須非常注意才能避免碰到鄰座的人的膝蓋，或避免自己的手肘不小心撞到別人的肋骨。我懷疑這麼小的房間要如何容納即將被傳遞與接收的巨大悲傷。最後走進去的是麥克米倫護理師，我的專科醫師在關上他們身後的門時，眼睛直直地注視著我。

他們待在裡面的時間實在太久了。我在病房區徘徊，和其他認識的病患交談，在工作紀錄上打勾了幾個框框。我覺得我最好消失到建築物的另一個次元，完全逃離。當我沿著走廊往大門走去時，我又瞥了一眼那個關著門的隔間房。

醫院中有一些房間專門用來傳遞壞消息，或是讓人們在等待接收壞消息時坐在裡面。急診室急救區附近的房間、加護病房區旁一整排的小房間、產科病房中柔軟而安靜的房間，沒有氣球、嬰兒床或祝賀布條。當然，這些房間也會用於其他用途，例如做出解釋和擬訂計畫。有時，你會在某個房間看到初級醫師在那裡吃午餐、練習簡報。有時，這些房間是用來向患者傳遞好消息的，但好消息通常會在床邊傳遞。好消息被允許自由遊蕩、伸展四肢。它被允許穿過小隔間的簾子，在病房內四處走動，也被允許讓任何碰巧走過的人聽到。我們需要控制、防止逃跑的是壞消息，必須將它牢牢封在有四張舒適椅子和茶几的小房間裡，以防它逃脫時被他人聽到。

半小時後，我回到病房。活動隔間房的門仍然緊閉著。

「他們還沒出來。」一位經過的護理師說，她看穿了我的心思。

半個小時後，保羅和茱莉從房間走出來。他們是不一樣的人了，因為苦難總會把你打碎，即使你最後設法把所有碎片拼在一起，看起來也不會和以前完全一樣。保羅、茱莉、麥克米倫護理師和病房護理長慢慢走回病房，病床周圍的簾子全部拉上了。我的專科醫師坐在我旁邊的電腦前，在鍵盤上敲打了些東西。他沒有和我接觸目光。完成後，他站起來說：「多麼可愛的一家人。」然後離開了。我不禁在想，即使他擁有這些智慧和經驗，即使他一定已經走過醫院走廊無數次，他會不會也有忍不住跨入那個空間幾步的時候。

直到第二天，我才和保羅或茱莉說到話。

「你知道了嗎？」茱莉說。

我搖了搖頭。「上次遇到你的時候還不知道。在他們告訴你之前，我還不知道。」

「這一點都不合理。」

她像提問般說出這些字詞，然後在我的臉上尋找答案。成為醫師之後，我看過這種尋找很多次。人們會有一個自然的假設：有知識的人一定掌握了解決方案和解釋。人們還有一種可以被原諒的認知：醫師除了了解解剖學和生理學外，還被賦予了一把鑰匙，可以打開某些東西、讓生活恢復原狀。

「他壯得像頭牛。」她說。「他參加馬拉松比賽。他還踢足球。」

「我知道，」我說，「我知道。」

我們看著彼此，同樣感到不可置信，我強烈覺得我有必要道歉。為了我自己和我的無知而道歉，為了醫學救不了她的丈夫而道歉，為了我自私的痛苦而道歉——我敢肯定我的眼睛裡流露了痛苦。

保羅從床上看著我們。他的黃疸看來更嚴重了，整個人也更瘦了，生存的可能性更小了——可能是因為他缺少了希望。他說：「我們都不要愁眉苦臉了。」我看著他盡所有努力想讓我們好過一點，試著鋪一條好走的路，移除每一個障礙，小心地放在一邊。

末期患者經常會這樣做。有時候，我認為他們花了更多精力在幫助其他人面對這一切，多過於幫助自己。

醫師們嘗試為他置入支架，設法繞過堵塞的地方，但失敗了。他們嘗試了化療，但保羅無法忍受。在我剛結束實習時，安寧治療小組在安寧病房幫他安排了一個床位。

我遇到許多病人，即使他們已經離開很長一段時間，仍一直留存在我心中，和我在一起，直到我終於能夠如常地繼續前進，他們才真的離開。我總是能讓自己擺脫思維的黑暗角落，將精力投入到下一個病人、下一個隔間中。但是，這次我的「支架」失敗了，我找不到繞過堵塞的方法。這一次，我無法繼續前進。我知道是哪裡出了問題，我知道我走了一條不該走的小路。但我同樣知道，未來我還會繼續這樣走，一次又一次。當我寫卡片祝賀一對老夫婦可能是最後一次的週年紀念日時；當我在醫院狂奔，為急診室一位渴望冰水的瀕死女士尋找冰塊時；當我偷渡炸魚和薯條到病房給一位因為失去妻子而無法進食的老人時。這些都沒有使我特別或與眾不同，成千的醫師和護理師每天都在做這樣的事情。這讓我們更像個人。有時候，跨過那個空間並走向病患，是我們唯一能為他們做的事。

我看著他們離開病房——保羅和茱莉，以及他們的兩個孩子、玩具、大衣和提包。一個尋常的日子因為殘酷的疾病而變得如此不平常，疾病如此安靜而狡詐，我們通常不會意識到它的存在，直到為時已晚。我知道所有平時告別的話語都沒有意義，我再多說什麼都是為了讓自己安心，而非讓他們好過，所以我們只是對彼此微笑。

我打算在幾週後打電話給安寧病房，我甚至寫下號碼並放在口袋裡，但一直沒有機會做這件事。在我下一個實習時，有一次，我走進另一個科別的另一個病房，看到保羅的麥克米蘭護理師在走廊的另一頭。我想去問她保羅的狀況如何，想知道故事的結局，即使我知道結局會是什麼。她認出了我，對我笑了笑。我沒有開口。

我沒有問她，因為有時我們需要留下一個空間。醫師和病人之間的空間。在人們的故事和我們自己的故事之間。

一個可以放置所有希望的空間。

12。開始

我的床頭櫃有一個裝滿普拿疼的盒子。我很害怕讓父母失望，我擔心哪天可能無法阻止自己把它們全部吞下去。

——醫學院學生

有好多次，我在夜班結束開車回家時，都感到非常不安全。輪班工作讓我們無法在工作日和工作夜之間有足夠的時間調整生理時鐘，因此我們總是感覺很疲倦。這影響了我的判斷力，不僅在開車時，在面對患者時也是如此。有時候，我在開車前會先在員工停車場睡個半小時，因為我擔心會害死自己，或者更糟的——害死別人。每個人的狀況都一樣，但你不能大聲說出來，因為你會被當作麻煩製造者。

——初級醫師

從醫學院畢業後，義務兵役是我很重要的經歷，讓我結識了許多不同背景的人。這些人不只是把我當作「我」本人，也把我當作一個「醫師」。多數人認為醫師是安心的象徵，但有些人將醫師視為擁有權力的人物，這些權力需要被控制或適當使用，不能為了達到某些目的而濫用，例如得到控制權或特權。那段期間教會了我，「衝突」也是當醫師的一部分。

——專科醫師

醫學院結束了。

我們進行了考試、提交了論文、接受臨床實務工作的測試。在過去幾個月中，我們所有人都活在焦慮之中。我們在半夜醒來翻教科書確認某些資訊，被大量知識的重量壓垮，卻還是暗暗認為自己一無所知。我們被巨大壓力的高溫灼傷，這壓力不僅來自於我們心裡，還有周圍人無意間給我們的外部壓力。

每一次考完試，我就會立刻打電話給母親。

「**考得如何？**」她會這樣問。

「**太糟了。所有人都說這次考試太糟了。**」

「**嗯……但你覺得你會通過，對吧？**」

如果我沒通過考試，而我是唯一需要接受這個事實的人，那就不構成問題。但是，和醫學院所有其他人一樣，我擔心的是那些觀眾，五年來站在場邊為我們加油打氣的所有人。父母、丈夫或妻子、朋友們，所有的犧牲和理解、支持和善意。如果沒有通過考試，我們不只是在考試上失敗，也等於讓我們最關心的人失望。

壓力使原本已經開始出現的裂痕裂開了。我們試著團結在一起，度過調整期和自我懷疑期。我們努力留意周圍的人，嘗試找出他人墜落的徵兆，但不一定都能成功。

如果你在醫學院的第一天問我們未來的旅程會如何，我們會說，未來五年會是我們職業生涯中最長的一段時間。五年聽起來像一輩子，但其實轉眼間就結束了。期末考試結束後，我走到車上，回到過去五年來每天停車的地方，在一片寂靜中坐了一會兒。我已經到達終點（希望是），雖然還要幾個禮拜才會知道有沒有通過考試，但無論如何，這都意味著我是最後一次以學生的身分開車回家。感覺我應該在A五〇公路沿路掛上氣球和布條祝賀一番。當然，世界還是繼續以原本的方式運轉，而我乖乖回家等待最後的結果。

公布考試結果的那天，我沒有到學校去看結果，而是選擇留在家裡，等著收電子郵件。其他人大多都去現場了，然後，社群媒體上慢慢出現了一則又一則的貼文，香檳和擁抱、眼淚、歡笑、喜悅、解脫。最後，我的電子郵件寄來了。我立刻打電話給母親。

「我考上醫師了！」我說。「我是醫師啦！」

事情好像就是那麼簡單，在這一秒到下一秒之間，我們變成一個全新的人。沒有其他學位會這樣改變你的身分認同，改變你對自己是誰的認知；也沒有其他學位會伴隨著如此輝煌的歷史，引導你加入赫赫有名、偶爾臭名昭彰的那一群人：亞歷山大．弗萊明[12]、約瑟夫．李斯特[13]、伊莉莎白．安德森[14]、克里斯蒂安．巴納德[15]、柯南道爾[16]和濟慈[17]。

有些醫師的影響力更大，讓世人以他們的名字稱呼新發現的某些症狀。例如，漢斯．亞斯伯格[18]、伯瑞爾．貝爾納．克隆[19]、喬治．亨丁頓[20]、愛羅斯．阿茲海默[21]。我們看著鏡子裡的自己，一個全新的、閃閃發光、幾乎沒有產能的初級醫師，懷疑自己能不能做出前輩的萬分之一影響。

我下一次踏進醫學院，是去參加畢業典禮。

---

12 Alexander Fleming，蘇格蘭生物學家、藥學家、植物學家。青黴素（盤尼西林）的發現者，獲頒諾貝爾生理學或醫學獎。
13 Joseph Lister，英國外科醫生，外科手術消毒技術的發明者和推廣者。
14 Elizabeth Garrett Anderson，英國第一位獲得醫師和外科醫師資格的女性。
15 Christiaan Barnard，南非外科醫生，世界上首例人類心臟移植手術的實施者。
16 Conan Doyle，英國作家、醫生。塑造了世界知名的偵探角色福爾摩斯，成為偵探小說作家。
17 Keats，曾長期接受醫療訓練，而後放棄成為醫生，專心寫作詩歌。
18 Hans Asperger，奧地利的兒科醫生及精神病專家，研究自閉症、精神醫學的先驅。
19 Burrill Bernard Crohn，美國胃腸病學家，克隆氏症的發現者。
20 George Huntington，美國醫學家，亨丁頓舞蹈症的發現者。
21 Alois Alzheimer，德國精神病學家，首先發表了老年痴呆症的病例，後來阿茲海默症以他命名。

我被選為朗讀《日內瓦宣言》[22]的代表。我不知道他們為什麼選我。我當然不能代表這一群人，因為，除了年齡相差一大截之外，我在過去五年的每個晚上都開車回家，遠離醫學生生活的一大部分。我沒有住宿舍，也從未參與學生會，沒有參加任何社團或俱樂部。儘管我很享受與其他同學在一起的時光，但我們的生活並沒有像他們彼此之間那樣交織融合在一起。

朗讀《日內瓦宣言》一直是我一生中最驕傲的時刻之一。我站在聚集了幾百位學生、親人、老師和講師的大廳，帶領大家唸出醫師誓言，那個版本在過去幾十年來被重複朗誦了數百次。我們誦讀了這些字句，但其實還無法理解這些句子的意涵，或是這些字句可能產生的許多不同解釋，會帶來什麼樣的真實影響。

我鄭重地保證自己要奉獻一切為人類服務。

我要憑我的良心和尊嚴從事醫業。

我要保有對人類生命最高的敬畏。

我們在一個有著紅色天鵝絨座椅和管風琴的大禮堂裡，巨大的光束在我們頭頂投

---

22 醫師畢業時的宣誓誓詞，為醫師對於醫學的人道主義目標的宣誓。

射。袍子和學士帽被四處扔在座位上、一路散落到走廊上。父母們喜極而泣，大家鼓掌慶祝。每一個畢業生的姓名被宣布時，都會有一陣歡呼聲和喊叫聲。我們再次複述誓言，並以最誠摯的心作出承諾。每個句子都是真心的，每個誓言都經過考慮，但是字句總是由當下的背景定義，在有著紅色天鵝絨座椅的氣派禮堂中所說的字句，與在緊急搶救時或在垂死患者床邊被記得的，有很大的不同。我們以為自己知道這些字詞代表什麼意義，但隨著我們成為醫師後前進的每一步，這些字詞的意涵也會隨之演化。將來可能會有一天，我們需要背對良知。隨著時間推移，尊嚴和尊重的意義會被檢視，我們會在心裡認真思考那些詞語的定義到底是什麼。在最黑暗的時刻，我們甚至會開始質疑人性是否真的存在。

在我們畢業之後，《日內瓦宣言》也發生了改變和演進。現在它包含這項誓言：**為了提供最高標準的醫療，我會注意自己的健康和能力培養。**

在所有的誓言和承諾中，這可能是最難守住的一個。

儘管醫師接受了各種訓練，也對如何維持良好健康擁有知識與專業，但要照顧好自己的健康卻不是他們特別擅長的部分。他們的焦點永遠都在病人身上，解決眼前人們的困惑，沒有找到答案就不休息。犧牲和自我妥協交織於工作中，缺少食物、水和睡眠似乎成了每位初級醫師被期待要堅守的誓言。我們被告知要「**照顧好你自己**」，但卻被放到一種根本不可能把自己照顧好的情況中，有些人甚至將照顧自己視為一種「自我放縱」，對此嗤之以鼻。我們拿到的手冊中說我們有**受到保障的用餐時間**；但在此同時，所有的呼叫、電話、各種要求從不間斷。他們建議我們**回家要注意安全**，因為有半數以上的初級醫師曾回報，他們在夜班後開車或騎車回家的路上發生事故或虛驚事件，純粹因為睡眠不足。在二〇一七年的一項調查中，三分之一的受訪醫師提到他們所在的醫院沒有休息設施。而我工作過的某家醫院甚至將值班室的床全都移走，以防止醫師休息。

「**我開始在高速公路上產生幻覺。**」一位初級醫師這樣告訴我。

「**我停在紅綠燈前，然後接下來我知道的事，是有個駕駛開到我旁邊，他的喇叭把我叫醒。**」另一個人這麼說。

自二〇一三年以來，至少有三名實習醫師在夜班後的回家途中死於車禍。根據其中一起死亡事件的調查報告，當時醫師在開車回家時一路唱著歌，試圖讓自己保持清醒。

在畢業的幾年之後，我在急診室擔任初級醫師。我曾在那裡連續待了十二個小時，中間完全沒有進食或喝水。這種狀況並不少見，因此自然沒有人會認為這是個問題。

但是在那一天，也許是因為連續太多天都輪班十二個小時，我開始感到頭暈。一陣噁心席捲而來，我耳裡開始急促地嗡嗡作響。我的手實在抖得太厲害了，甚至沒辦法寫筆記，更不可能幫別人抽血或插管。這影響了我的判斷力和反應時間，極度疲勞和食物不足會引發像喝醉一樣的效果，我很擔心自己會犯錯。

處理完手邊的病人之後，我四處尋找逃離的機會，只要一下子就好。那天，整個部門處於一片混亂中。每個區域都爆滿了，每張床都有人占用，醫護人員和病人排成一條長長的隊伍，沿著走廊，穿過雙扇門，一直排到停車場。我內心的愧疚和羞恥感排山倒海而來，但是即將崩潰的感覺更勝一籌。我可以在三分鐘之內就回來，所以我說服了自己，在專科醫師出現並把下一個病人交給我時，我要先出去一下。那時已經是深夜，我知道食堂將在十分鐘內關閉。我不想吃套餐，甚至不想吃三明治。我只要一塊巧克力或餅乾，可以邊工作邊吃，可以讓我回到正常的運作水準或讓我再次成為有用之人的那種。

「我真的需要吃點東西。」我很小聲地說。

他盯著我。「有病人在等。」

我說：「我就是考慮到病人才會提出這個要求。」

即使在多年後的今天，我依然可以回想起他臉上那顯而易見的厭惡表情。從那次以後，我再也沒有提出這種要求了。

經常有人告訴我們，醫療是一種具有使命感的職業，而非只是工作而已。但在現實中，它兩者皆是。然而，當工作條件變得難以忍受時，當他人的要求很可能危及我們自己的生命，更不用說危及我們照護的患者的生命時，我們被期望要承受它，只因那根深蒂固的使命感。這是一個服務、治療和修復的天職。或者應該說，我們被這份修復他人的工作吸引，是因為這樣做可能會在無意間修復自己。

畢業感覺像個結束。感覺我們好像已經到達了目的地，旅程已經到達終點。我們不知道過去那五年只是個序幕，是對未來的引言。在心理上，我們已經通過終點線了；但實際上，我們只是緩緩走向比賽的起點而已。

在神奇的循環下，在就學典禮上致詞，歡迎我們開始醫療生涯第一天的那位教授，在今天也發表了我們在學生時代聽到的最後一段話，為習醫生涯畫下句點。

他站在大禮堂的舞台上，靠著講台，彷彿直視著在場每一個人的眼睛。

「現在，」他說，「辛苦繁重的工作真正開始了。」

這一次，他又說對了。

13。收穫季節

有個笑話說，你應該避免在八月初住院，因為那是所有新醫師來病房報到的時候。實際上，這是最好的入院時間，因為新醫師缺乏經驗，所以他們會用熱忱和同情來彌補。他們還沒有因挫敗而筋疲力盡，或因為有缺陷的醫療體制而失去光芒。他們會立刻回覆呼叫器，而且願意付出時間，付出關心給每一個病人。有少數人認為護理師在醫師之下，但是我們能夠讓醫師了解這些。

——護理師

在八月一個陽光明媚的早晨，國民保健署的機制轉動起來，所有初級醫師都換了工作。

在這個轉動中，新醫師前來報到，充滿了熱情。他們被醫療體制處理、歸納、啟動。他們領取呼叫器、掛繩和識別證，然後消失在病房和走廊中，接著被醫院吞沒。

前兩個星期，我緊跟著前任醫師交接見習，她是一個精疲力竭的年輕女生，試著傳授我一連串的內部求生祕訣，就像父母會教給孩子的一樣。

她說：「樓上的自動販賣機永遠都不能用。」

「不要用傳達室附近的提款機，它一直都是壞的。」

「四號病房的護理師人最好，她們都會泡杯茶給你。」

她告訴我哪些專科醫師經常很早到，哪些會在你結束輪班前十分鐘才開始巡病房；有問題時可以問哪些專科醫師，而哪些你最好避開。

「當她穿黑色衣服時，千萬不要靠近她。」她這樣描述其中一位專科醫師。

她向我示範如何使用電話系統、帶我看病房動線，教我如何申請X光檢查、如何在電腦上確認血液檢查結果。她教我分機號碼、如何要求傳送人員、處理文書工作和配藥。還有如果被針刺傷時該怎麼辦、死亡證明書放在哪裡、最好的停車位、從太平間到醫師食堂最近的路線。我記下了其中一部分，其餘的就靠記憶。我像拉布拉多幼犬一樣，整天跟在她身後小跑，從外圍的庇護處觀察一切。

當然，在我第一天正式上任時，她就離開了。

我工作的科別是泌尿科，膀胱、睪丸和輸尿管的神奇組合。我要處理的狀況從腎結石、睪丸癌、前列腺肥大，到困難的導管都有。此外，這裡有源源不絕的年長患者，由於各種通常神祕而無法解釋的原因，無法正常排尿。

有外科手術的日子總會比一般醫療的日子還早開始。早上七點半，我就開始了第一輪的值班工作，利用巡房前半小時的時間，找到一台電腦、印出患者名單，而這最後變成我每個早晨的第一個挑戰。巡房從八點整開始，所以我只有幾分鐘的時間，慶幸自己找對了病房，或在完成需要為病人做的零碎工作後正好趕上巡房。

外科病房的巡房速度很快，與醫療巡房不同。醫療巡房通常會停下來思考和對話，有時會持續一整天；外科病房的巡房則迅速俐落。外科醫師屬於手術室，我經常懷疑他們有些人可能認為與患者交談只是像兼差一樣，是真正的工作開始前的一點小消遣。專科醫師毫不費力地靠近病房，偶爾伸出一隻手要病歷或觀察紀錄。我們在他後面擠成一團，試著跟上腳步，還要跟不太聽話的隔間簾子奮戰——這些簾子在他前往下一個病床時就被迅速拉上，一旁的病歷車更成了混亂來源。我們在巡房時都有各自的工作，我負責開處方藥，需要透過電子設備完成。我幾乎記不住我的登錄資料，更別說個人識別碼了。在病歷車和早餐盤的噪音下，我根本聽不到專科醫師說了什麼，也不敢請他再說一遍。筆電在成堆的病歷上搖搖欲墜，有人移動筆電拿取病歷，導致筆電自動關機。我設法重新開機登錄，但帳號被他人使用，所以被系統登出了。我又試了一下，還是不能輸入資料，結果筆電發火了，索性拒我於系統之外。我開始發抖。住院醫師靠過來，按了幾個按鍵，然後在幾秒鐘內輸入了所有的處方。完成之後，他看著我。

「別擔心，」他說，「情況會越來越好的。」

巡房結束後，專科醫師消失前往手術室，我們其他人則在龍捲風過後留在原地，等著領取分配到的工作，包括寫病歷、製作出院證明、調整藥物、追蹤抽血檢查。醫療裡的一切都要被追蹤。專科醫師會輕敲著X光檢查報告或抽血單，要你去追蹤。你會發現待辦事項清單主要就是由「需要追蹤的事情」所組成，這張清單會讓你忙上一整天，直到傍晚。

我的前任醫師是對的，四號病房的護理師總是會為你泡杯茶。

在第一週結束時，住院醫師的預言果然實現，一切狀況的確變得比較好了。我背下了系統登錄資料。我知道如何做好準備，並為所有術後病患開立恰如所需的止痛和止吐藥物。我知道要將同意書夾在病歷前面，我會確保患者不會在沒有插管的情況下被送往手術室。我開始比較放鬆了，稍微有安頓下來的感覺，甚至覺得自己稍微有點用處。

不過，不幸的是，醫學世界從不會讓你放鬆太久，因為當我輪完一週的日班之後，工作時間表再次改變了。接下來，我要一次在走廊走上好幾個小時，不僅要照顧我負責的患者，還要照料所有接受外科手術的住院患者。

我要開始輪值晚班了。

晚上的醫院像是另外一個國家。你會注意到的第一件事就是聲音消失了。白天的醫院充滿了推車輪子的聲音、電話、對話和腳步聲等白噪音，還有在每條走廊上如潮水般湧來的人群：護理師、醫師、傳送人員、清潔人員，以及洗衣車和餐盤的嘩啦撞擊聲。這些聲音讓人安心。在白天，你在建築物的任何角落都找不到一點安靜的空間。

到了晚上，一切都變得寂靜無聲。直到噪音都被移除之後，你才會發現，聽到有人在遠處工作的聲音是多麼令人安心。除了三三兩兩的夜間訪客往停車場走去之外，我走去交接的路上沒有半個人影。小商店和花店的百葉窗都放下了，咖啡店的椅子反過來倒放在桌上。白天掌控效率的一排書記辦公室此時一片黑暗。醫院裡的電腦休眠中，馬克杯晾在滴水板上，茶巾被摺好放在一旁。我經過急診室，那裡的白天和黑夜沒有區別，明亮的燈光和人們說話的聲音提供了一點安慰。我並不孤單。醫院各處還有其他醫師在工作，而其中一位就是我的專科住院醫師，當我需要幫助或覺得超出能力所及的時候，可以求助於他。我只需要呼叫他，他就會出現。

晚班交接在頂樓一個小型教室裡舉行。我是第一個到達的人，我在日光燈的嗡嗡聲中等待，旁邊是壞掉的投影螢幕和塑膠骨骼模型。為了打發時間，我盯著白板上寫的症狀列表，試圖弄清楚上次在這裡教的是什麼，但我無法理解上面寫的內容，這讓我陷入了小小的恐慌。我在這裡做什麼？我什麼都不懂，我是個騙子，不懂裝懂的騙子。我感覺醫學總會[23]警察隨時會破門而入，以擅自闖入的名義當場逮捕我。我從口袋裡掏出一個護身符組合，想讓自己安心：我的聽診器、筆記本和筆，還有一張卡片，上面列著非上班時間可以聯絡的呼叫器號碼（包括病理科、放射科、心電圖，以及永遠都在的傳送服務），以及列著醫院每間病房分機號碼的清單。我拿出止血帶，上面印有卡通蝙蝠，顯然是為兒科醫師設計的。我買的時候它看來很有趣，但是在那間教室的蒼白光線下，

23 General Medical Council，縮寫作 GMC，英國慈善團體，根據《一八五八年醫學法令》成立，擁有法定義務管有英國執業醫生的登記名冊。

反而感覺有些怪異。最後，我手上還有一本參考書，是每個初級醫師都會隨身攜帶的簡便指導手冊，裡面要點式列出在各種不同情況下該做什麼、檢查什麼以及開什麼藥，好像生命中的所有緊急情況都可以被濃縮到這本小手冊中，俐落地放在口袋裡。

交接的醫師到了，他把值班呼叫器交給我，抱歉地說他將要唸出一長串的工作。因為醫學上有一項不明說的潛規則，就是不能在交接時把工作交給他人——一個不可能遵守的規則。他的手術服皺成一團，他看起來累得像一個禮拜沒有睡覺了。呼叫器放在我們中間，在他講話時響了六次，因為——我很快就發現——醫院夜裡的寂靜只是煙幕，在那片寂靜中，隱藏著各種微小悲劇的聲響，永無休止。

在交接過程中，唯一出現的第三人是現場護理人員，她是醫院中經驗最豐富的護理師之一，負責在夜間巡視病房，評估病情最嚴重的患者，向值班人員警示可能發生的問題，整理病床和困難的靜脈留置針，確保一切運轉順暢，並在醫師巡察之後收拾整理。那時我還不知道，但她成了我的守護天使，她的名字叫克萊爾，而她是愛爾蘭人這一點又讓我更加安心。如果可以，我還真希望克萊爾能在我往後的職涯中都跟著我，給我溫和的推力，讓我相信自己，並在需要時給我一個安心的擁抱。

在他們離開後，我獨自坐著，研究我拿到的交接工作清單。呼叫器又響了三次。我回撥了所有電話，又將更多工作加到清單之中。

醫療有很大一部分是在學習如何確定優先順序，決定要先看哪個患者，而且就憑一通簡短的電話。該優先處理四號病房血壓下降的病人？七號病房發燒的女病患？還是剛送到急診室，有嘔吐和腹痛症狀的患者？我在不斷穿越走廊時學習，然後慢慢開始發展出本能，一種第六感，可以告訴我要先看哪個病人。有時候我會弄錯，但隨著判斷正確的次數越多，我的信心也開始逐漸增長。

我沒有接到專科住院醫師的呼叫。當我經過急診室時，偶爾會瞥見他，但我們的路線沒有交集。除了發展出「哪個病人最需要優先處理」的直覺之外，我也學到另外一點：專科住院醫師有很多種類型，有人喜歡每小時呼叫你，想知道你在忙什麼，也有人喜歡自己獨自走過走廊。

隨著夜越來越深，保持清醒開始成為一種挑戰。腎上腺素支撐我在前幾個小時持續前進，但前一天充滿焦慮、斷斷續續的睡眠，讓我到凌晨三點就開始無力。我從自動販賣機中覓食。濃醇的巧克力、紙杯咖啡、洋芋片和小罐的奶油起司。即使是在沒有工作要處理的短暫時刻，我也會到走廊上走動走動，防止自己睡著。我抱著破釜沉舟的決心走出急診室大門，讓整個肺部吸飽夜晚的冷空氣，好喚醒自己。醫院裡沒有值班室，沒有為夜間醫師準備休息的床鋪。整個醫院裡，醫務人員七橫八豎地躺在等候區的沙發和辦公室地板上，試圖補個二十分鐘的眠，把呼叫器放在自己臉上。我不敢這樣做。如果我醒不過來怎麼辦？如果我一路睡到早上，才被清潔人員發現我躺在地毯上呼呼大睡怎麼辦？如果有人死了怎麼辦？

夜晚繼續下去。我在黑暗的區域重新插管、開出安眠藥、檢查病人、處理抽血，讓早班人員方便接手。我開啟心電圖檢查，並插入導管。我從細胞培養室走到病理科。在那些走廊上的某個地方，在午夜到早上六點之間的某個時間，我開始覺得自己有點用處。我覺得自己的存在有了意義。有史以來第一次，我覺得自己受的醫學訓練似乎開始變得有價值，我開始覺得自己像個醫師。

在夜班的過程中，有一個這一天轉換成第二天的時間點。那似乎是個短暫的瞬間。第一輛洗衣車出現了。可能會在某條長廊上瞥見清潔人員的身影。早餐的聲音和氣味沿著通向食堂的走道飄散。不過，改變不只有人和活動的增加，更在於氣氛的變化，那是一種感覺，似乎整棟建築物正在逐漸醞釀、甦醒，迎向新的一天。當急診室的大鐘從這一秒滴答前進到下一秒時，有個交接的瞬間——一個什麼都沒有的灰色空間——然後，早晨出現，接管了一切。

我撐過了第一個夜班。雖然很累，但很開心。

第二個夜班也同樣順利。有些病人入院，病房中有些身體不適的病人需要檢查和監測，但除此之外，我繼續按照被呼叫的需求打靜脈留置針和抽血，開立安眠藥和止痛藥。

我在通往骨科病房的走廊上，碰巧遇到了我的專科住院醫師。

「一切都還好嗎？」他問。

「一切都很好。」我回答。

那是我整個晚上跟他唯一的對話。

到了第三個晚班，我幾乎擺脫了所有的焦慮。我停好車，朝醫院入口直直前進。我帶著自在的微笑，幾乎期待著展開今天的工作。

我沒有意識到，自己將經歷一生中最糟糕的一個夜晚。

14。最黑暗的時刻

我見過被專科醫師霸凌的初級醫師。我看過他們被恐嚇和迫害，在病房裡當著病人和護理師的面被羞辱，被刻意塑造成很蠢的樣子。有些專科醫師會提供全然的善意和支持，而另一些專科醫師似乎竭盡所能使他們的初級醫師生活悲慘。實習護理師在病房中受到比較多保護，而且可以和許多不同的同事交談，因此比較安全。初級醫師通常是自己一個人。我們試圖保護他們，但能做的也只有那麼一點而已。我經常想到我認識的那些初級醫師——我指的是那些好的初級醫師——希望無論他們身在何處，都能感覺到自己被重視。每個人都應該感覺被重視。

——病房護理長

夜班開始了，白天的輪班結束。

同樣在一個有塑膠骨骼模型的小房間裡交接。

同一個有著疲憊雙眼的醫師來交接。還有愛爾蘭護理師克萊爾。

我們交換呼叫器，進行工作交接。我的專科住院醫師從來沒有來交接過，但在我需要時，他就在醫院的某個地方。他在醫院到處移動，處理各處的緊急情況並做出困難的決定，而我則繼續各種日常工作和平凡的事務。

交接給我的工作只有幾樣，而且都不緊急，所以我花了幾分鐘瀏覽我想複查的病人名單，就是我前幾天晚上看過並想確認狀況的病人。外科病房裡發著高燒、不斷呻吟的男病人。二樓一位尿道感染的女士，狀況一直沒有改善。在十一號病房活動隔間房的垂死婦人，她又撐過了一天，因此仍然留在名單上。我把紙張放在口袋裡，開始工作。

那時才剛凌晨兩點。

一切進展順利。我重新插入了一個靜脈留置針（已經是第三次了），那個病人似乎在我插完管轉身離開的那一刻，就想把我所有的努力給拔出來。我走到自動販賣機前稍微休息，就在此時，我的呼叫器響了。

呼叫我的是急診室。可能是新住院的病人，或是需要詳細填寫用藥處方的病人。我在走廊上的電話旁停下，回電給急診室。結果，是我的專科住院醫師找我。這是他三個晚上以來第一次聯繫我。

他說：「你可以到急診室來嗎？」

我無法想像他找我要做什麼。有些專科住院醫師會希望你在他們說話時寫下筆記，或者開立所有的患者處方藥，但這位專科住院醫師似乎很樂意自己完成所有事。我心想，也許是有重大緊急事件，也許是某件很重要的事，需要我協助。我加快步伐，做好心理準備，預期在走進急診室的雙扇門後，會迎向重大事件現場。結果，那裡什麼都沒有。如果要說有什麼的話，那部門看來「有」一種相當平靜的氛圍。幾個工作人員正在補充其中一輛手推車的醫材，而克萊爾正在整理一張醫療用床，準備給下個入院患者使用。她轉過身對我微笑。

「一切都還好嗎？」她說。

「嗯嗯，」我說，「是的，一切都好。」

我環顧了整個急診室，發現專科住院醫師坐在總台，雙手環抱著頭，身體向後傾斜。他指著另一張椅子，我坐了下來。

「一切都還好嗎？」他說。

「一切順利。」

「病房狀況都還好嗎？」

「病房狀況都很好。」我邊說邊對他皺了皺眉。

他說：「我要去阿姆斯特丹。」

我的眉頭皺得更深了點。他呼叫我大老遠跑到急診室來，只是為了談他計劃去哪裡度假？

「嗯，」我慢慢地說，「那很好啊，你什麼時候去？」

他往前靠，對著我笑。「現在。」他說。

我等著他丟出下一個梗。但是並沒有。

我盯著他。「你說『現在』是什麼意思？」

他把一個東西塞進我手裡，而我根本沒有低頭看那是什麼就接了過來。他說：「我是說我現在就要走了。這裡就交給你負責囉。」

一陣焦慮如浪潮般席捲而來，恐怖到我的膽汁湧進了嘴裡。

「你不能離開。」我說。「我不能一個人在這裡！」

他站起來了。「你沒問題的啦！」

「但是這個輪班還有六個小時！」

「如果我現在不走，就會錯過航班了。」

他邁開腳步。

「你不能就這樣離開！」我又說了一次，不過這次是用喊的。

聽到整段對話的克萊爾也向他大喊。

他繼續走，甚至頭也不回地向我們揮手，就像電影《酒店》裡的麗莎．明尼利。

他就這樣離開了。

我低頭看他塞給我的東西。

是呼叫器。他的呼叫器。如果我遇到麻煩、覺得無法應付或需要幫助時，我應該要聯絡的那個呼叫器。是有外科急診時，醫院裡的每個人都會聯絡的呼叫器。

我把它握在手中。

它現在屬於我了。

而我才剛當上醫師十天而已。

在三分鐘之內，醫護人員就帶著緊急事件抵達醫院，伴隨著警報聲和燈光。他們衝過一扇扇門，進入急診室。我的專科住院醫師在前往醫院停車場的途中，一定經過了他們身旁。

他們送來的是一個劇烈腹痛、持續嘔吐的年輕人。他還有學習困難，以及長期、棘手的心臟病史，並伴有其他多種健康問題。如果這還不足以讓狀況變得複雜，他還有永久性氣切。他非常痛苦。我完全理解他非常害怕，每當有人靠近他，他都會在手推床上不停亂動，拳打腳踢。

急診室的專科醫師從人群中的某個地方大喊。

「外科小組在哪裡？」

我感覺到白袍口袋裡呼叫器的重量，我深深吸了一口氣，把膽汁吞下去。

我說：「外科小組在這裡。」

我在急救區的角落看著工作人員讓他的狀況穩定下來。他們監測了他的心跳和呼吸，控制他的疼痛，並設法使他平靜到可以做檢查及抽血。我敬畏地看著他們展現技能和專業知識，還有他們的仁慈及體諒，但同時也感到沉重的愧疚和深深的憤怒，因為這個年輕人沒有得到外科醫師的照護，那是他應得的。他的確沒有被置於危險之中、也沒有被忽視，但是他應該值得比我更好的醫師照料。那一刻，我覺得醫院裡的每個病人都值得比我更好的醫師來照顧他們。

急診室的專科醫師走過來，站在我旁邊。

「他需要送加護病房。」她邊說邊看我的識別證。

「你的專科住院醫師在哪裡？」

「阿姆斯特丹。」我這樣回答，因為除此之外，我沒有其他訊息可以提供。

「我去幫他申請加護病房的床位。」有個聲音傳來。是克萊爾，她去申請了。

我看著年輕人被傳送人員帶走。

旁邊有一名護理師和一名急診科醫師跟著過去，他的手推床上散布了各種管線和設備，很難辨識出是否有人躺在裡面。

我大大鬆了一口氣，這種解脫感使我雙腿發軟。他現在由另一個人負責，一個能力比我強得多的人。我可以回到自己的工作崗位上了。在我進入急救區的這段期間，專科住院醫師的呼叫器雖然異常地安靜，但我自己的呼叫器已經響了很多次，最前面的號碼已經無法儲存而被刪除了。不過這不會有問題，因為他們肯定會再次呼叫我。

我回覆電話，安排工作優先順序，與護理人員交談，把事情一件一件做完。在這個過程中，我一直掛記著剛剛那個年輕人，不知道他現在狀況如何。十分鐘後，我的呼叫器再次響起。是加護病房。

「我是加護病房的值班醫師，這裡有一位你的病人。」電話那頭是個女生的聲音。

她特別強調「你的」。

我猶豫了。「是的。」我說。

「我只是想知道，」值班醫師說，「你要我開立他所有的常規用藥嗎？」

我又再次猶豫。他明天要動手術嗎？如果他明天要動手術，有沒有任何不能服用的藥物？他在急診室用的藥物呢？有沒有哪些藥物不能和常規藥物同時服用？

我不知道。這些全部都寫在他的病歷上，而病歷正在呼叫我的那位醫師手中。對方剛好是ST5[24]，在有奇怪稱呼的醫師培訓制度裡，那代表她的經驗至少比我多五年。

24 指高等專科受訓醫師第三年。在英國的醫師培訓制度中，從五年的醫學院畢業後，進入醫院做初級醫師（Junior Doctor），進行一般醫學基礎訓練受訓醫師（Foundation）的培訓2年，稱為F1、F2。然後是核心專科受訓醫師（Core Specialty Training），一般為2年，稱為CT1、CT2；接著是高等專科受訓醫師（Higher Specialty Training），一般是5年，稱為ST3、ST4、ST5、ST6、ST7等，再通過Certificate of Completion of Specialist Training（CCST）考試，即可註冊成為專科住院醫師，再之後可以申請成為某家醫院的專科醫師（Consultant）。

我說：「我不知道。」

她掛掉電話。

十分鐘後，她再次呼叫我。

「你要我插鼻胃管嗎？」她說。「可以進食用？」

我們之間一陣沉默，感覺就像在考試一樣。

她繼續說：「他需要做胸部X光檢查嗎？」

我仍然沉默。

她說：「他有氣切，那還需要做胸部X光嗎？」

「對。」我說，但是我把它變成一個問題。「還有需要嗎？」

她再次掛上電話。

這樣的狀況持續了一整夜。每隔二十分鐘，我就會被呼叫問一個問題，或者告訴我脈搏率、血壓數字，或者問我她該做什麼，即使她的經驗代表她應該比我更了解到底需要做什麼。當她想凸顯我的無知或強調我完全缺乏知識時，她會不說話就掛斷電話。對方顯然也跟我一樣有個糟糕的夜晚，但我感覺像在接受懲罰，她像在欺負我。

二十分鐘後，我的呼叫器再次響起。我以為又是下一組我回答不了的問題，下一輪對我的懲罰。結果不是。我查了一下號碼，是來自一間病房的呼叫。

「你能到十一號病房嗎？」護理師說。「你可以馬上來嗎？」是活動隔間房的那位女士，在我的複查名單上又多撐過一天的那位。在八月早晨的五點鐘，她的身體決定是時候該離開了。

這過程並不輕鬆。她深為所苦的癌症已遍及全身，一點點占領她的器官，深入骨頭，並擴散到整個大腦。醫師已經開立了止痛藥和止吐劑，改善她的吞嚥問題和對抗焦慮，但還是不夠。當我沿著走廊走向病房時，就已經聽到她的哭號聲。

護理師說：「你能再開一些嗎啡給她嗎？」

我察看了她的用藥紀錄。她的用藥量幾乎達到我被允許開立的上限，但我可以再冒一點點險。

我和護理師們在桌上夜燈的光暈中坐著靜靜等待。她繼續哭號。

「**讓我死了吧！**」那位女士在隔間房裡大喊。「**拜託讓我死吧！**」

我們繼續等待。藥效或許需要多一點時間才能發揮。

「**拜託讓我死！**」

護理師說：「你不能再開多開一點嗎？」

我鄭重承諾將我的一生奉獻給全人類。

我再次看了用藥紀錄。這位女士已經用了被允許的最大劑量。如果我再開一點，不僅不合法，而且似乎是刻意終止她的生命，那會看起來像我殺了她。

她的親友正在趕來的路上，如果我開立太多，他們會怎麼想？如果我不這樣做，他們又會怎麼想？

「我不能。」我說。「我沒有權限這麼做。」

「請讓我死。」

護理師問：「你的專科住院醫師在哪裡？」

「他去阿姆斯特丹了。他就這樣在輪班間消失了，留下我在這裡。我沒有其他人了。只有我一個人。」

「那就由你決定了。她需要更多止痛藥。」

「**請讓我死**。」

我盯著用藥紀錄。我該怎麼做？應該遵守規則，還是開立更多嗎啡，之後再來面對後果？如果這是我的母親，我會不會給足她需要的嗎啡，消除她的痛苦？我是否將自己和自己的存亡看得比患者的需要還重要？

我要憑我的良心和尊嚴從事醫業。

我們打電話給克萊爾，幾分鐘之後，她出現在病房。她得到授權，可以使用多一點點的嗎啡。

她說：「這是我們能提供的極限了。」

那沒有發揮半點作用。哭聲繼續。那是我以前從未聽過的聲音，如此劇烈而絕望，來自一個我永遠無法理解的地方。那是一個需要止痛的人最後的哭號，即使是訓練有素、充滿知識與能力的人也無法做好準備，提供她舒緩痛楚的解方。醫學院不會教這些事情，只有你親身經歷後才能了解。那是你永遠無法忽略、假裝沒聽過的聲音，當我在護理師站裡，坐在燈光下時，我知道我會一輩子記得那個聲音。

「我受不了了。」護理師起身離開了。

我要保有對人類生命最高的敬畏。

我讓自己留下來。我坐在離活動隔間房最近的椅子上，強迫自己去聽，因為我知道我需要永遠記住代表我的不足的聲音。為了讓它深深植入醫師的自我意識中，我必須一次次回到這段記憶裡，讓它永遠不會褪色、黯淡，永遠提醒我們自己的缺點和不足。也許這樣可以將我們綁在醫學知識和技術的限制上，阻止我們的思緒飄走，幻想我們是自己希望成為的那種人。也許這樣沒辦法做到任何一點，我們只是因為這提醒了我們自己也是平凡人而感到安慰。也許，這最終會讓我們成為更好的醫師。

那時是凌晨五點半，還要好幾個小時才會有更多資深醫師到醫院來。

克萊爾說：「我們需要打電話給值班的專科醫師。」她把電話交給我。

電話另一端的聲音睡意很濃，但指令明確。

「你需要開多少嗎啡來讓她感覺舒服，就開多少。」她說。「但要在病歷上註明我們有進行過這段對話，還有對話的時間，並且非常清楚註明是我指示你這樣做。」

在幾分鐘之內，哭聲停止了。我仔細聆聽那片寂靜，什麼聲音也沒有。那位女士平靜地睡著了，呼吸緩慢而平穩。我看著她的臉，心想著不知道她去了哪裡。

我在病房撰寫病歷紀錄，一位年輕的護理師坐在我旁邊看著，蒼白的臉上帶著淚痕。

她說：「我永遠不會忘記這個晚上。」

我從病歷中抬起頭來。「我也是，」我說，「我也不會忘記。」

當我正要離開時，呼叫器再次響起。又是加護病房那位醫師。

她唸出一長串我的病人精確的觀察數值：血壓、脈搏、呼吸速率、排尿量。

我不發一語，靜靜聽她說話。

她說：「你想要我做什麼？」

我感覺胃部湧出一股怒火，一路延燒過身體，燒遍雙腿和手臂，充滿我的頭和眼睛，一直延伸到指尖。我緊緊抓住電話，擔心會把它摔壞。

「我的專科住院醫師在半夜溜班。我帶著不該帶的呼叫器。剛剛那一整個小時裡，我都聽著一個垂死病人大聲哭號，而我沒辦法做任何事幫她。我剛當醫師十天，所以我希望你做什麼？就是不要再煩我了。我想要你做的事，就是不要再呼叫我了。」

我放下電話。

她沒有再打來了。

我選了最長的一條路穿越醫院。有時候，你的不快樂和自我厭惡強烈到除了盡可能離它越遠越好之外，別無他法。

在我待在病房的期間，時間跨越了夜晚和白天交班的那一秒。我能聽到走廊某處傳來清潔地板的機器聲響，還有廚房裡餐盤的碰撞聲。傳送人員在病房間移動，護理師擠進辦公室交班，下一個輪班開始了。我周圍的醫院大大轉變，一切都再次變得乾淨、煥然一新，只剩下我還帶著昨天的思緒走在走廊上。前一個晚上彷彿從未發生過，整件事情都只是一場由我最深的恐懼構成的想像，潛伏在腦海裡的某個角落。

早上八點時，我的輪班結束了。我在醫院的員工入口等著，我看著大家前來上班。走進來的大多是醫師，一大群人穿過大門，湧進走廊。

我心想：「幾個小時前，你們在哪裡？當我需要你們，只要你們其中一個人在這裡就好的時候，你們都在哪裡？」

最後，我終於看到他了，我的專科醫師。他看起來聰明、穿著合宜，手裡拿著大衣和公事包。我站在他前進的路上，他放慢腳步，直到站在我面前。

他盯著我看。

我把呼叫器遞給他。

「這是什麼？」他說。

「這是專科住院醫師的呼叫器，過去六個小時裡，我一直帶著它。」我聽到自己的聲音顫抖而崩潰。「你的專科住院醫師昨天晚上溜班，跑去阿姆斯特丹。從今天半夜兩點以來，我一直沒有專科住院醫師的支持或監督。」

我期待他會很生氣。

我期待我要留下來做些正式紀錄，把這些寫下來。我預計會有些反應，甚至是調查。最少最少，我期待能有一點什麼回應。

結果什麼也沒有。

「有什麼狀況……」他停頓了一下。「……什麼不好的狀況發生了嗎？」我遲疑了。要怎麼定義「不好」？沒有人死掉。每個人在最後都得到了需要的照顧。但是我想到了加護病房的年輕人和十一號病房隔間治療床的女病人。他們值得更好的對待，值得一個不會溜班的醫師提供照護。

他把我的遲疑當作「沒有」。

「那我不知道你是在抱怨什麼。」他不悅地回答我，一邊把呼叫器放進外套口袋裡，然後就走了。

我看著他的背影。病房一位護理師站在我旁邊。她的輪班剛結束，正要離開。她手上拿著雨衣、肩上背著包包，靠過來在我耳邊低語。

「他已經知道了。」她說。

我看著專科醫師在走廊上越走越遠，那一刻，我意識到我只能靠我自己了。我不再處於醫學院的安全網中，我現在是在從事一項工作，而這可不是你可以直言不諱的工作。這份工作的遊戲規則是由大咖玩家定義的，而我顯然被期望保持頭低下、嘴閉緊。

這些界線已經畫在我的周圍，不管我選擇要不要跨越過去，它們都已經決定了我會下沉還是浮起。

我知道這一切，是因為在專科醫師走掉時，我看到他步伐中的自負，我看著他笑的樣子、向經過走廊的一位同事揮手的樣子、沒有回頭再看我一眼的樣子，我知道護理師應該是對的。

他一直都知道。

15。角色

醫院人生如浪潮般起起落落，我讓暗流帶著我走。在那次的夜班事件之後，我發現，每天被工作、呼叫器和電話帶著走，似乎比困在自己的思緒中還輕鬆一些。巡房、輪值、處理插管問題，我試著留在邊緣、不要掉下去，完成預期中需要做的事，但不讓這些事成為我的主人。但是，最終證明了這是不可能的。

在醫學院的求學過程中，儘管有一堆考試和長途車程、沒錢、完全沒有空閒時間，但有件事會讓你持續前進，那就是「想要成為什麼樣的醫師」的想法。不是幻想獎品、獎項和榮譽，而是想像那些微小而尋常的事：希望有足夠的時間應對每一個病人、用他們能理解的方式解釋治療方法，讓他們的治療過程更容易忍受。但是，當你親臨病房現場，被放進國民保健署體制時，永無止境的需求會成為負擔，壓迫、摧毀醫師。到那個時候，你才會發現，你永遠無法成為自己想成為的那種醫師。

因為體制根本不允許你這麼做。

相反地，你會帶著三個呼叫器，因為根本沒有醫師申請跟你輪替的那一班。當你嘗試跟上被要求做的所有事情時，你會被自己的悲慘絆倒。你每天都會看到明顯很不安、害怕的患者在醫院裡漂蕩，而你對此無能為力。親友們等著得到一個令人安心的答案，卻空手而歸。候診單總是爆滿，門診總是擠滿人。大家互相推擠、爭奪，想要壓過他人的痛苦喧鬧，讓自己被聽見。原本的權利變成需要擁有特權才能享有，原本的平等成了一種歧視。時間、金錢、資源和希望全都枯竭了。國民保健署是由工作者的善意連結在一起的，但即使如此，它也會破裂，而你將陷入那些裂縫中，消失無蹤。

你很快就會發現，自己永遠無法成為想成為的那種醫師，因為那種醫師無法生存下來。

當你隨著起起落落的潮流移動時，有時會發現自己被沖到某個地方，那裡可能有機會讓你創造出一些不同。當這種情況發生時，你會奮力抓住那個機會。或許這可以幫助你平衡那些因體制而無力、必須轉身離開病患的時刻。你會用雙手抓住這樣的機會，即使那代表你在過程中必須放開另外一小部分的自己。

讓我得以創造一些不同的機會叫做瓊恩。她七十九歲、有學習障礙、失明，並戴著非常強力的助聽器，而瓊恩選擇性地使用它，端看對話主題以及她想不想聽。人生給瓊恩的挑戰彷彿還不夠似的，最近她又被發現罹患了無法手術的癌症。這不是瓊恩想知道的事，所以每當這件事被提起時，她都會刻意關上助聽器，消失到腦袋的另一個角落。瓊恩的妹妹——「才」七十四歲的妹妹被迫要決定一切事情，還要應付瓊恩出了名的臭脾氣，幫忙收拾她生活中的各種事。我想，這很可能是她們倆從小就開始的相處模式。

瓊恩在醫院頂樓病房的活動隔間房裡。所有的病人都是平等的，但有些病患就是會讓人稍微偏心一點，例如瓊恩。我立刻就喜歡上她，因為她頑強而獨立，拒絕被任何挑戰打敗。我對她一見傾心，我覺得她太棒了。

輪班結束後，我會跑去看看瓊恩。她拒絕任何緩和療護——不做化療和放療，就像許多年長患者一樣，在昏暗的地獄邊緣等待前往另一個世界。瓊恩需要安養院，但她的需求很多且非常明確，我們詢問過的所有安養院都不想要這號人物。每天下午，我會站在隔間房的門旁大聲報上名字，而瓊恩會讓我知道她是否允許我進去。隨著時間過去，我從未被她拒絕。

瓊恩從來沒有學過點字，所以我會唸書和雜誌給她聽。我描述旁邊窗外的景色給她聽。我從醫院商店幫她買巧克力，並因為買錯巧克力被她斥責。她還會怪我茶泡得太甜、咖啡泡得太苦，或怪我總是太晚到或太早到。不過，我的陪伴從未被拒絕。我也認識了瓊恩的妹妹，每當我們兩個人說話時，瓊恩總是很樂於大聲否定我們說的話。我真喜歡她。

有一天，我要到病房處理別的事，我站在瓊恩的隔間房門外，大聲報上名字。結果她沒有回答。她過去總是用「進來」回應我，或者有極少數幾次叫我走開，但從來沒有不回答過。我在門口窺視，瓊恩坐在床邊，平時陪伴她的收音機此時沒有聲音。她的頭彎下來，但沒有睡著。我走過去叫了她的名字，她沒有回應。我蹲下身握住她的手，她捏了捏我的手，但還是沒有說話。是癌症在作祟嗎？她看來似乎沒有疼痛，那是因為心情不好嗎？

我整天都在擔心瓊恩。即使在與其他患者交談或參加會議時，也無法停止想著她。當我下午回到隔間房時，瓊恩的妹妹也在那兒。在我倒出滿腹擔憂之前，她先開口了：「瓊恩的助聽器出問題了，它壞掉了。」

當然是助聽器出了問題！這是一個初級醫師犯的低級錯誤。病人無法回應，因為她聽不到！失去助聽器讓瓊恩陷入一個無聲無影的世界，只剩下思緒和她作伴。

「護理師們沒時間幫忙修理，她們好忙。」

她們真的很忙。護理師和醫師一樣承受著巨大壓力，全靠一片好心以及實際所需人力的一半，來維持病房的正常運作。

「我拿去修。」我說。

我從沒去過聽力科，但我經過走廊時看過標示很多次。到聽力科辦公室需要爬幾段木製樓梯，台階隨著高度越變越窄。當我終於爬到接待處時，整個人氣喘吁吁，一片慌張。我輾轉問了五個人才找到修理助聽器的人。

「你是醫師嗎？」他說。「從來沒有醫師上來這裡過。」

我回想起在醫學院的時候，我曾因為沒有其他人力可以幫忙，而動手幫病人換濕透的尿布（當然，其他人肯定也會這麼做）。那時，我的專科住院醫師曾問我：「**你在這裡到底扮演什麼角色？**」經過三年之後，我顯然還沒有找到答案。

「我的輪班老早就結束了。」我向對方說。「凡事都有第一次吧？呵呵。」

我想開點小玩笑，但他只是皺了皺眉。

我等待他們把助聽器修理好。

我把助聽器還給瓊恩，她又因為我胡亂摸索、沒有把助聽器正確放好而唸了我一頓。但瓊恩回來了。所有的笑容都回來了。她又再次找到我們，我們可以繼續回到吃巧克力棒和朗讀故事的日子了。

我們走到外面的走廊，瓊恩的妹妹對我說：「真高興你解決了這個問題。他們終於幫她找到安養院了，如果去那裡再修理的話，事情就太複雜了。」

「是喔？」我停下來轉向她。「她什麼時候離開？」

一切安排得非常快。瓊恩將在隔天出院。這當然是個好消息。在人生僅剩的一小段時光裡，能夠安頓下來，遠離醫院以及感染、隔離的風險，對她來說當然更好。我簡直無法想像換成其他人待在那個隔間房。

「等到明天要離開時，我們再告訴她。她一向討厭任何改變。」

我的輪班早已結束。由於排班有點怪，我第二天沒有班。當我離開瓊恩和她妹妹之後，我在醫院裡徘徊，收拾未完成的零碎工作。打打出院信、填寫血液申請單。我想這樣可以幫其他人省下一些明天的待辦工作。我跑到不同的病房和護理師聊天；我在急診室周圍徘徊，看看有沒有什麼有意思的事。值班醫師發現了我幾次，用一種奇怪的方式看著我。當我看錶時，已經快八點了，我想，現在去醫院食堂吃飯應該比回家後再做飯更合理一點。

我端了美耐皿餐盤，找了個位子坐下，整盤食物都沒有動。我到底在那裡做什麼？

我通常迫不及待想完成自己的工作，然後快快離開醫院；但我在應該離開的三個小時後仍在這裡，還試圖尋找另一個藉口繼續留下來。我花了一點時間才意識到原因。而當我意識到的時候，那思緒清晰到令我震驚，不敢相信自己竟然沒有早點看穿這一點。

是瓊恩。我知道當我週一回來上班時，她已經不在了，我不想離開她，不想說再見。

我從塑膠座椅和裝著一口都沒動的食物的餐盤前站起來，走向病房。晚上和白天的病房有著截然不同的性格，當我到那裡時，所有訪客都離開了，患者們安頓就緒，準備休息。藥品車最後一次出動，病床周圍的簾子都拉上了。護理師坐在電腦旁，用鍵盤輸入當天的紀錄。

我沿著小走廊走向瓊恩的隔間房，遠遠就聽到她的聲音。她在抱怨鞋帶。我笑了，因為沒有什麼比聽病人發牢騷更讓人放心了。病重的患者從來不會抱怨。

我在門口探頭張望，一位醫護助理正試著脫下瓊恩的鞋子，她抬頭看著我微笑。瓊恩坐在床邊，背對著我。這當然沒什麼區別，但確實使事情容易一些。我看著她瘦小的骨架、痀僂的肩膀和銀白色的髮絲，試著確定自己永遠記得這一幕，並且妥善收藏。

醫護助理幫瓊恩脫毛衣，瓊恩繼續抱怨衣服上的鈕釦。助理和我再次相視而笑。

「再見，瓊恩。」我小聲說，我知道她聽不見。「一路平安。」

然後我轉身離開。

當我星期一回到醫院時，瓊恩已經離開，她的名字從病人名單上消失了。

我沒有任何理由再去那個病房，因為瓊恩是一個借床病人——在原本的地方沒有床位，因此被安置在醫院另一處的病房。不過，幾個禮拜之後，我又去了那裡。那個病房住進另一個患者，另一個借床病人。

當我正要離開時，一位護理師把我叫回來。

她說：「我有東西要給你。」她伸手到護理站的一個抽屜裡拿東西。

那是一個奶油色的信封，上面寫著我的名字。

信封裡的卡片正面有粉紅色和黃色的花朵，並有燙金的「謝謝」字樣。瓊恩的妹妹在卡片裡面寫道：

瓊恩很想念你，你知道的。

然後，在漂亮的印刷字體下方，瓊恩在妹妹的引導下，寫出一排顫抖的文字，成功寫下自己的名字。

我知道我會永遠保留這張卡片，即使是在瓊恩和她妹妹離開多時，我可能也已經肩膀痀僂、髮絲銀白地獨自坐在某張床邊的時候。

因為我需要那張卡片來提醒自己。

提醒自己，有時最好少擔心工作一些，把多一點關注放在我們能夠做出的微小決定上——那些能讓他人的旅程輕鬆一些的小決定。

提醒自己，我們在人生中所扮演的角色，並不是只有最明顯的那一個而已。

16。埋葬

在醫院時，你一定會記住這兩件事：你感到最恐懼和不確定的那個時刻，以及有人向你傳達仁慈善意的時刻。

——病人

除了保留感謝卡，我也把瓊恩留了下來。

她每天都和我在醫院四處移動。她陪著我巡房、跟我一起坐在X光報告的會議室裡。她每天和我一起在食堂吃午餐，在寂靜的夜裡陪我開車回家。陪伴我的不只有她一個人，與我同行的還有其他人。罹患胰臟癌的三十八歲父親。在角落病床上編織的女士。在隔間房哀求嗎啡的女士。加護病房的年輕人。遭受非意外傷害的兒科病童。罹患絕症的二十多歲女生，她的雙胞胎妹妹每天都去探病，提醒著我們癌症的毀滅性。每過一天，我就收集更多人，這些重量會不可避免地越來越難以承受。

我首先注意到自己的步調變得非常慢。那感覺就像我在雙腿上綁著這些人的回憶，因為每一步都要消耗好大的精力。除非是緊急情況，否則我不會匆忙趕去哪裡，而且我要花好長的時間才能從醫院這一頭走到另一頭。一個傳送人員告訴我，每次他在走廊經過我旁邊時，都看到我總是盯著地板。我發現他是對的，不知從何時起，我已經不再抬頭了。

我的大腦也變慢了。我常常在質疑自己。不管是在病房或教學中被問問題，我都無法思考，也總是最後回答的人。我每天盯著工作清單，卻無法跨出腳步去做任何事，因為那種不知所措的感覺是如此巨大而可怕，感覺就像某種形式的癱瘓。如果我確實完成了某件事，就會一遍又一遍地檢查自己做得是否正確。此外，如果周圍的人餵養、澆灌了我的「自我懷疑」，它很快就會開始成長茁壯。在夜班時，如果有幾分鐘的空檔，我會坐在空蕩蕩的辦公室裡，把架上的病歷拿下來。一開始，我只拿我們團隊負責的病人，但很快就變成任何病人、任何部門的病歷都無妨，只要有故事就可以。我會仔細閱讀每個份紀錄，一直讀到最前面的轉診單，然後問自己：我是否會在X光片上發現某些東西，或者是否能預見某些狀況，因而開立特定的抽血檢查？我有聰明才智去開那種藥或要求進行斷層掃描嗎？我夠聰明嗎？我是個夠好的醫師嗎？我夠資格待在那裡嗎？

我不斷想著傳播感染的風險，所以在察看不同病人之間，我會站在水槽旁刷洗雙手，直到變紅仍無法停下來。很快地，我的指關節開始裂開並流血。一位護理師注意到了，給了我一小罐藥膏。在絕望大海中，那小小的善舉使我感動不已，甚至讓我走進洗滌室啜泣。我幾乎沒吃東西、沒睡覺，體重掉了很多。我的頭髮亂成一團，黏在頭皮上。每天晚上，我爬到床上，躺在黑暗中拆解這一天；每天早上，我從床上爬起來，穿上手拿得到的最靠近的衣服，然後回到我已經開始認為像活生生地獄一般的生活。醫院的其他人都應付得很好，我看著其他醫師用看似最小的努力輕鬆完成工作。而我只是走在邊緣，小心翼翼地踏著每一步。每天早晨，我的目標就是能夠撐到這一天結束而沒有瘋掉。

如果你繼續走在邊緣，其他人很快就會注意到。我們非常擅於發現團隊中有**誰**沒有盡力，但卻不擅長問**為什麼**他不盡一己之力。我們也非常善於當面質疑這些。有好幾次，比我年輕且資淺的醫師覺得他們有資格責備我，因為我沒有出現在他們認為我該出現的地方，或做他們認為我該做的事。也許他們是對的，但他們當中沒有人覺得有必要質疑我為什麼會那樣。

每當我感到無法應付這一切時，我可以去找一小群人諮詢。醫院各處有許多特別善良的護理師。喪親關懷事務主任是我見過最富同情心的人之一。四號病房護理長曾告訴我，我可以成為一名出色的護理師，讓我好開心。醫院的牧師總是停下來跟我說話，並且有最具智慧的雙眼。小教堂就在醫師食堂的隔壁，有時，我在經歷難捱的輪班後會在那裡坐一會兒，即使我穿越走廊時已經無法看到上帝存在的證據。或許是因為喧鬧後的靜默能帶來安慰；或許在那靜默之中存在著某種可能性，讓我在未來某一天可以再發現祂。

在進入醫院、來到病房時，我心中充滿喜悅和熱情，渴望盡我所能成為最好的醫師。然而，制度不足、缺乏資金、必要護理人力的短缺，再加上悲慘、死亡和垂死的痛苦，都在慢慢消磨我，直到我身上那個「醫師」完全消失。她消失了。有時，她感覺如此遙遠，讓我開始懷疑她最初是否存在過。即使我從來不是最好的，但我總是盡力多做一點。然而，這份工作使我陷入了絕望的深淵，讓我覺得接受他人貼在我身上的標籤——局外人、麻煩製造者、等下班的人——還比較省力。成為那樣的人，比逆流向上要容易得多。

我一直很敬重國民保健署。我一直把它看作一個庇護所，一個不變的地方，為需要的人提供保護和安全，但是它的沉默和微小的殘酷一點一點奪走了我的忠誠。在叔叔過世時，我被要求提供死亡證明，以便請假三小時去參加葬禮。當一夜大雪讓我無法開車上班時，我被迫走進深及膝蓋的積雪中拍照，證明我沒有撒謊。我很快發現，儘管那個部門掛著「人力資源」的名稱，但它並沒有特別富有資源（或有能力），實際上還非常缺乏人性。

我所愛的國民保健署對我置之不理。它不僅讓我跌倒，而且有時感覺是它輕輕推了我一下，我才會跌倒。

在每一次工作的開始、中間和結束，我們都應該與專科醫師會面，討論工作時間的安排、可能遇到的任何議題與難題，檢視進度並討論學習狀況，同時確保精神和情緒健康維持良好。這些會議出了名地難安排，因為專科醫師的工作量很大，而初級醫師的工作清單也是沒完沒了。在這些會議期間，你被期望要自己找人代管呼叫器。在一般情況下，你在整場會議中唯一能想到的就是：在會議這段時間裡，又有多少工作堆上來了。有些專科醫師會把這些會議放在優先順位，有些不會。最常出現的狀況是，期中會議被直接遺忘，然後跟期末會議合併進行，試圖製造出這四個月裡有人在乎你的假象。

在外科醫學領域，這些會議經常感覺像一齣戲。你坐在專科醫師面前——一個你幾乎不認識的人，一個你在巡房時瘋狂試圖跟上腳步的人，一個顯然在你此刻疲於奔命的工作上應付良好的人。這個你幾乎不認識的專科醫師問你一切是否都還好。你權衡選擇，看到游標盤旋在一個空白框框上，準備打勾。你坐在那裡，臉色蒼白，雙手擦傷紅腫，筋疲力盡而憔悴，昨天的睡意仍留在眼角，你用薄如紙片般的聲音回答你很好，真的很好，因為「好」比其他選項都容易得多。訴說其他任何事情都會消耗太多能量，而你知道現在你需要保存那僅存的少許能量。如果把能量用來告訴一個完全陌生的人自己真實的感受，你擔心剩餘的能量可能不足以讓你撐到這一天結束。

「我很好，」你會這麼說，「我真的很好。」

但是，「好」是一個會從喉嚨滑出來的字，也是一個會把你埋葬的字。

當我在內科工作時，我坐在呼吸科專科醫師面前被問到這個問題。他在問這個問題時向前靠過來，我一度以為他要拯救我，我以為我終於被注意到了。但是，相反地，他一條一條列出了我的不足之處，仔細地摧毀了我殘存的最後一點自信，讓我變得什麼也不是。他大吼大叫說出我所有的罪狀，言詞砲火猛烈，甚至還把口水滴到我臉上。

他離開後，一位書記從距離三個門之遠的辦公室趕來，確認我是否沒事。她站在門口，好奇地歪頭看著我。

她臉上的憂慮，比我過去十二個月在那家醫院的任何人臉上看到的都還要多。

「我很好，」我說，「我真的很好。」

17。誕生石

有時候，我可能成了我不想成為的那種醫師。我必須接受自己是那種醫師——在忙碌的外科巡房中，忽略病人說他不想活了，因為我也不知道該怎麼應對；或是無視生病同事的沮喪情緒。那就是我，不是其他人。那就是我，一個我不想成為的醫師。我曾告訴別人要「自我疼惜」[25]，當我一遍又一遍問自己問題，思考可能的答案時，這讓我的某些缺點得到寬恕。

——專科醫師

25 心理學家 Kristin Neff 博士提出的概念，旨在善待、接納、照顧自己的心理。

過勞是個感覺很不真實的詞，因為這個詞意味著影響巨大明顯，猛烈如火，所有人都能看見。

但是，大多數的過勞都是安靜而無形的。它存在於一個靜止的鏡面之下，深不可及，沒有人會注意到，有時甚至連過勞的人本身也不會留意。如果仔細看，或許會瞥見它的蹤跡。你可能會說某人的舉止不像平常的他，或他脾氣異常暴躁。你可能會責怪同事一直錯過工作期限，或者太容易分心。

你可能會注意到某人總是很早到（或總是很晚到），或發現他們對曾經引以為傲的工作失去興趣。或者，你也可能不會注意這些事情，日復一日在熊熊烈火旁走動，連一點點它存在的痕跡都看不到，直到某件事情發生，那火焰再也不受控制為止。

吉兒住在八號病房的活動隔間房。我們同年，生日也很接近。我們小時候看相同的電視節目，省下零用錢去買相同的唱片。我們在成長過程中，在臥室牆上貼一樣的海報，我們熟記一樣的歌曲和歌詞。吉兒和我之間的唯一區別是，吉兒患有轉移性乳癌，而我沒有。

巡房時，我會站在吉兒病床所在的隔間房門邊，記錄專科醫師所說的話。我在記錄時，會想到過去所有的生日和聖誕節。我們如何用相同的量尺標記生活，對人生抱持著同樣的預想。我想起那些歌曲的歌詞。當我看著她時，彷彿正在看著鏡子。鏡子上的映像幾乎讓我無法忍受，但我還是得繼續看。我需要找到我們之間的另一個差異，如果不這樣做，我擔心我永遠無法別過頭去。

吉兒在過去幾年間曾多次住院。隨著每一次來到醫院，病歷上記載的內容越來越短，希望越來越渺茫。吉兒現在的狀況是，接受治療的結果只能延長壽命一小段時間，而她僅存的一小部分人生也會被治療的藥物摧毀。這是許多絕症患者不可避免要面對的決定：生活品質或生命長度。用一分一秒計算生命或改用其他衡量方式。在這種情況下，決定要做或不做什麼的不是你或我，也不是醫師或護理師，這時候永遠都該由病人自己做出決定。當我在十一月的一個傍晚走進吉兒的隔間房時，我立刻知道她已經做出決定了。

我被呼叫來重新插入靜脈留置針。舊的管子不能用了，需要換新。吉兒躺在半昏暗的病房中，因治療而嘔吐不適，整個人疲憊不堪，累到無法抬起頭，甚至無法承受臉上方的窗戶透進來的些微光線。

我卸下舊的靜脈留置針，然後在藍布上拿出器具進行更換。棉籤、紗布、注射器、水、膠帶和瓶子。抽血或插入靜脈留置針雖然看起來很科學而制式，但其實是很個人、私密的行為，因為你要做的第一件事就是找血管。為了要找血管，就需要握住患者的手。我曾經握住一位孤獨年長患者的手，放在我手心裡找血管，結果他立刻捏了我一下作出回應。

我握著吉兒的手，看著她疲憊、耗損的血管，尋找可以下手的地方。我甚至檢查了拇指下方的靜脈，那裡被暱稱為「實習醫師的好朋友」，結果一無所獲。

她說：「你不用幫我找血管了。」

我抬頭看她。她的臉像枕頭一樣白，而且她很虛弱，感覺像會從床上一點一點慢慢消失。醫學上有些名詞可以描述癌症的症狀，例如肌少症和惡病體質（瘦體組織和肌肉質量的消耗），但在身患絕症的人身上，也可以直接觀察到某種樣子。那沒有學術名稱或官方定義，但在病房經歷多年的人絕對不會弄錯——那個樣子會告訴你，這個人來日已經不多了。吉兒就有那種樣子。

「我不要再弄另一個靜脈留置針了。」她說。「我受夠了。」

關於這件事，吉兒與專科醫師、麥克米蘭護理師以及一直陪在身邊的年邁雙親都已經討論過了，大家都同意並做出了決定。這段過程充滿眼淚和悲傷，但除此之外，似乎還有一種奇怪的解脫感，好像吉兒終於拿回控制權了。這段時間以來，癌症代替你做了許多決定，而此時能夠自己做決定——即使是在令人沮喪的狀況下——還是會讓人覺得自己有力量。

我在那星期裡值了好幾個夜班，在我值班開始前，第一件事就是去看看吉兒和她的父母，他們在活動隔間房裡建立了一個家：母親睡在折疊床上，父親則睡在扶手椅上。我會過去看她們，有時是因為他們對於讓吉兒舒服一點的藥物有疑問，有時則是因為我認為他們需要在房間裡看到其他人，提醒他們醫院外的生活，並且聊聊家常，逃離病房世界幾分鐘。我偶爾會在晚上看到他們在寂靜的長廊上走著，舒緩關節、排除焦慮。每天晚上，當我到醫院輪值時，都希望看到吉兒的名字從病人名單中消失。她一直撐著，而我們一直等著。

在值了幾個夜班之後，有一個白天的時段需要隨時待命支援。在輪班表上，那個白天看起來像一天休假，但事實上，那只是給你二十四小時的時間，嘗試重新校準和調整生理時鐘，讓身體在白天再次清醒。在我進入急診室之前，我先到病房區，坐在電腦前瀏覽急診病人的資料。此時，吉兒的媽媽沿著走廊走到護理站。

「你現在可以過來一下嗎？」她說。「吉兒的呼吸變得很怪。」

如果你曾待在某個生命邁向終點的人身邊，你就會知道吉兒的媽媽聽到了什麼。教科書試圖描述這種呼吸，還給了它一個名字，嘗試分析，但你就是很難想像那種獨特的聲音，除非親耳聽到。

我察看吉兒的狀況。她閉著眼睛躺在床上，臉上擺脫了過去以來經歷的煎熬和痛苦。她比我以前見過的任何時候都放鬆得多。在那一刻，我瞥見了罹癌之前的吉兒。那時，她就只是吉兒。

「我想時間不會很久了。」我轉向她的父母。他們看起來渺小而心碎。「需要我和你們待在一起嗎？」

我不應該相信他們會答應。

「那就太好了，喬。」吉兒的母親說。「如果你不介意的話？」

我當然不介意。

她的父母坐在床的兩側，我把呼叫器轉成靜音，待在遠處靠牆的塑膠椅上。從隔間房旁邊的窗戶看出去，可以俯瞰通往醫院員工入口的一條小路，我可以聽到百葉窗後的腳步聲。日常聊天、笑語，時間不停前進。

在這些之上的，是吉兒的呼吸。緩慢、逐漸消逝的呼吸。

吉兒的母親看著我。她說：「我不知道該說些什麼。」

「何不說說生病前的吉兒？」我回答。「會讓她發笑的事情，你們一起探險的故事，她小時候的樣子。這樣，她在生命最後聽到的，都是過去美好的回憶。」

在接下來的幾分鐘裡，我聽到了與我相似的生活經歷。我們的道路從未有交集，但卻透過這些零用錢的故事、露營假期、貼在牆上的海報而交織在一起。隨著故事一個一個展開，吉兒每次呼吸的間隔越拉越長。

直到那一刻。

她的母親說：「吉兒已經很久沒有呼吸了，是嗎？」

「對，」我回答，「她沒有呼吸了。」

我走到床邊，用指尖碰觸吉兒的皮膚。我看著她胸部起伏，有一絲絲動靜。我們三個人在那裡站了大概幾分鐘，但感覺像一輩子。我知道了，即使沒有檢查和察看，我也知道了。因為空氣已經不一樣了。房間已經產生變化了。

我說：「很遺憾，吉兒過世了。」

外面小路上的腳步聲和隔間房外的病房聲音似乎都消失了片刻，我們在一片安靜中靜止不動。也許那些聲音其實一直都在，但隔間裡的負荷讓我們聽不見。也許吉兒需要這樣的安靜片刻才能離開我們。我接下來意識到的聲音是吉兒母親的輕聲哭泣，因為失去身患重疾的心愛之人而哭泣。其中混雜了抵達痛苦終點的解脫，還有原本可能發生什麼事的絕望。一種希望消失、未來成空的悲痛。

她的母親站起來，指著吉兒的項鍊。「你能幫吉兒把項鍊戴好嗎？」她說。「項鍊歪掉了。她討厭項鍊歪掉。」

吉兒戴著一條非常細的鍊子，上面有個小小的紫水晶墜飾。那是她的誕生石，也是我的誕生石。我輕輕把手伸到她的脖子周圍，將項鍊調整好，讓扣環在後面、小石頭放平在前面。這是你會為朋友或媽媽做的事。

「我很抱歉。」我說。因為我感覺眼淚正排山倒海湧來。「真的很抱歉。」

有些時候，你可以強迫自己躲在內心某處哭泣，稍微把眼淚控制住；而有些時候，你會感覺完全無法掌控，情緒會以某種強大力量襲來，使你招架不住，而你唯一能做的就是讓它宣洩出來。

我的眼淚不只為吉兒而流，也為了剛剛看著唯一的孩子吞下最後一口氣的老夫婦而流，為了不公、悲慘和破碎的體制而流。一直以來，我都強迫自己把眼淚吞回內心的某個角落。

「我太不專業了。」我說。「真的很抱歉。」

吉兒的母親伸出雙臂抱住我。「你先是個人，然後才是個醫師。知道吉兒對你這麼重要，對我來說是無法言喻的安慰。」

在穿透窗簾的光線照耀下，我們三個人為了值得享受更多美好人生卻已消逝的生命而哭泣。

我讓吉兒的父母單獨和吉兒道別，我退回到病房裡。尋常日子的燈光、噪音和殘酷感覺像種襲擊。我還在哭泣，不確定是否能停下來。

另一位初級醫師看了我一眼，拿走我手上的呼叫器。

「去吧。」她說，因為她很友善，也很理解這一切。「出去走走吧！」

我離開病房，推開門，走上吉兒隔間房俯瞰的那條小路。我爬上陡峭的河岸，那裡有一條捷徑，地上的草已經全變成了泥巴。我走到停車場的遠處，我的車是我唯一想到可以獨處的地方，我坐在駕駛座上，不斷啜泣。強烈而憤怒的哭泣使我縮起身子顫抖著，我的肺渴望新鮮空氣。

我看著遠方的醫院，想知道我怎麼會認為自己辦得到。如果有恰當的支持，也許我有可能每天面對醫院內的各種苦難和不公平。那棟大樓裡的確有許多很棒、很仁慈的醫師，但也有其他人——在走廊上經過你時不會回頭關心你權益的人、大吼大叫把口水噴到你臉上的人、似乎很開心看到你失敗的人。這些人很早就布滿你的心裡，使你無法入睡，不讓你享受這份工作的樂趣和榮幸。

也許，他們在當初級醫師時也被老鳥醫師欺負。也許他們認為這是有義務傳給下一代的「傳家寶」。又或許，並非所有的好醫師都是好人。

我坐在那裡，知道自己再也無法忍受更多了，每一分每一毫的自衛本能都告訴我要啟動引擎，開車離開，雖然我不知道該去哪裡。我無法回家，向所有人展示自己的失敗和不足。但我不屬於任何其他地方，而且我在那片刻間很想知道，直接消失不見是不是可能更容易一些。我坐在那裡讓引擎發動了很長一段時間，尋找某個可以讓我留下來的線索。

最後，我終於找到了。那就是病人。

在陪伴吉兒父母這個部分，我做得很好。如果我設法做出了最小的改變，或者如果我幫助了他們，讓這一生中最痛苦的經歷變得稍微可以忍受，那意味著我終究正在學習成為一名好醫師。（當時我還不知道，一週之後，吉兒的父母在當地報紙刊登的訃聞中對我表達感謝。）吉兒的死是我在初級醫師經歷中最糟糕的日子之一，但這也強化了我投身精神病學的決定。身為醫護人員，你負責監視患者的血壓、鈣水平和疼痛緩解狀況，但同時也需要負責監視患者的憂慮、情緒和希望。在詢問患者病史時，醫師一定都會詢問主訴病狀的病史、用藥狀況以及過去罹患過哪些疾病等等。而標記在最後、連同藥物過敏和吸煙狀況說明的那個地方，有一個小格子需要你詢問患者的情緒。套用醫學上另一個縮寫，這被稱為ICE（想法、顧慮和期望），這部分被分配到的時間通常最少，填寫在紀錄上的答案也最短。也許換個順序，從想法、顧慮和期望開始諮詢會比較好，而且不只該詢問患者的想法、顧慮和期望，也該了解患者親友們的。或許這部分的病史應該被賦予最大的分量和時間，因為這些正是型塑我們生活和健康的重要因素。這是我那天學到的一課。有幸認識吉兒和她父母，一起在那個活動隔間房裡等待直到生命終點，使我深刻體會到，醫學不僅僅是一門科學而已。

那天我幾乎就要開車離開醫院以及醫學界，但是最終我提醒自己，我已經承諾投入這份工作，而且無論感覺如何，我都知道自己必須走回那裡。拋棄病人是不可想像的，背棄義務和諾言並不是選項，不論我有多麼絕望。所以我又沿著小路走了過去，穿過雙扇門，進入病房。吉兒的父母仍然坐在那裡陪著女兒。我沿著走廊繼續走，經過傳送人員、護理師、醫護人員以及他們的尋常日子，經過洗衣車和病人手推車車輪，穿過急診室的雙開門。我從桌上拿起第一份病歷，坐在隔間裡，在薄如紙張的簾子後面，聽著四周都在發生些什麼事。我的雙手顫抖，視線閃爍游移，我不明白怎麼有人能夠經歷這一切，並處於生命的最低點，卻沒有一個經過的人注意到一絲一毫異狀。

我有兩個星期的年假。

這個選項在我口袋裡放了很久，我幾乎要放棄了。由於輪班上有太多缺口，如果要休這些我們有權利休的假，還得自己找人來代班，而這幾乎不可能。日子一天天過去，我非常需要的休息被從日程表上拿掉，消失無蹤。但是，那天在急診室值班時，我知道我必須找到某種逃脫的方法，即使是很短的時間也好。如果沒有人伸出援手，那我就必須幫助自己。透過賄賂、承諾和純粹的決心，我最終成功排好休假了。我有十四天的復原時間。

在那十四天裡，我沒有去度假。我沒有飛去任何充滿異國情調的地方，甚至沒有在海邊預訂一間小屋。我只是做了最喜歡做的事：閱讀。除了閱讀，其他什麼也沒做。從我醒來的那一刻，一直到上床睡覺前。驚悚小說、經典小說、詩歌、戲劇、自傳、散文。我盡可能在心裡填滿其他人的文字和思想。在那十四天結束時，我讀了十六本書。

我堅信文字有治癒和修補的力量。我們閱讀故事來理解世界、更加了解自己的處境和面臨的挑戰。我們閱讀的每個故事都遵循一個模板，那是作者和讀者間預先約定的一項協議，協議上說，儘管有許多障礙，但主角最終將在旅途中取得成功，反派終將罪有應得。我們期望如此。這是交易的一部分。當我們閱讀到最後一頁時，會放心地知道有個幸福的結局，即使那個幸福結局不見得是我們期望的。

自從我們還是孩子、第一次聽睡前故事以來，就一直遵循這個模版，然後把它帶入了現實世界，也許是潛意識裡希望這也能在現實世界中發揮作用吧。但是當然不行。我有許多患者面臨無法克服的障礙，而他們的最後一頁沒有一個感覺圓滿的結局。也許，我們對世界、政治人物、人性的缺乏以及社會的不公正持續的失望，就是因為它無法套入我們一直以來相信的模版中。

也許這就是閱讀如此重要的原因，因為，在閱讀中，我們找回了希望的可能性。

在兩個星期的休假結束後，我準備回到病房。這一次，我沒有投入內科或外科的動蕩之中，而是前往我從上醫學院第一天就想去的地方——或許可以再追溯到更早，當我在送披薩、打字、在百貨公司追著客人跑的時候，從我膽敢看自己是否夠聰明可以當醫師的那時候開始。

我要去的是精神科。

我在整個醫學院期間，一直期待著這一刻。當我經歷之前輪調受訓的痛苦時，一直試圖專注在這件事上面。這就是我立志學醫的動機。然而，前幾個月經歷的苦難仍然隱隱浮現，所以我決定給它一個星期的時間。如果一個星期後，那些痛苦的感覺又慢慢回來，那麼我就永遠脫離醫學這一行，不管那會帶來什麼樣的羞恥和屈辱，或是不可避免會聽到「我早就告訴過你」之類的言論。我會給它一個星期。完整的一個星期。

結果，我在精神科待了快一年，直到初級醫師開始輪調，我不得不離開。精神科拯救了我。

18。精神

我從小就會聽到一些聲音。我以為每個人都聽得到，直到長大後，我才發現有點不對。我去醫院的次數遠遠超過記憶所及，而且已經四度被強制入院。我不記得其中一些入院過程。也許記得一些片刻，但那種感覺就像看著自己的照片，卻不記得那是怎麼拍的。

不過，我始終記得人們對我釋出的善意。其實都是一些小事。比如當有人借我手機充電器，或在休息室把椅子讓給我時，因為他們知道我喜歡坐在窗戶旁邊。還有那些聽我說話的護理師，以及關心我的醫師。當我生病時，我會緊抓住那些時刻，因為當你的生活中充滿壞事時，就必須不斷擦亮那一小片、一小片的美好，讓自己可以繼續過下去。

——病人

在精神科的第一天，我檢視了病人、確認了用藥紀錄、處理完出院許可。之後，我詢問下午該做哪些事情。

在內科的工作經驗仍讓我感到刺痛，我決心要展現自己可以成為一名好醫師，給人一個像樣的印象。在我承認失敗、永遠放棄之前，一定要好好利用這次機會，把工作做好。

在短暫的停頓之後，他們告訴我，應該去和患者談談。

我在上一年的工作中，不斷被告知我和病人說太多話了。

這真是難以想像的解脫。

在國民保健署目前所有資金不足的狀況中，精神衛生服務方面最明顯。也許是因為在這裡常會找到一無所有的人。我之前的患者通常會有一個可以依靠的支持團體——確保他們服藥、幫忙購物直到他們恢復正常生活、為他們發聲，或只是跟他們交談。至於精神健康病患，由於一生中多半被忽略和排斥，所以沒有這樣的支持團體，半個也沒有。我遇到一位患有精神分裂症的婦女，她說她停止服藥是因為藥物消除了她耳中聽到的聲音，而那聲音是唯一陪伴她的事物。

當粉飾生命的事物被剝奪，當那些支持、支撐、鞏固我們的一切被移除，而我們完全獨自一人時，孤獨感帶來的真正影響才變得明顯，剩下國民保健署來處理這些失去帶來的後果。人們前往尋找舒適和陪伴的小小空間，例如圖書館、小咖啡店、貧民區專案和禮堂等，通通被撤掉、消失了，大批的人無處可去。沒有了這些空間，社區本身最終分裂、瓦解。過去，我們會留意住家附近有沒有人的生活出現問題或無法應付生活；而現在，馬路和大道不斷延展，房屋不斷建造，住在裡面的人們彼此不曾謀面、也互不關心。

「在我住的那條街上，沒有人知道我的名字。」一位病人說。「如果我不見了，根本沒有人會注意到。」

精神病房中的某些患者一輩子都這樣沒有重心地漂流著，他們帶著嚴重的疾病活著，沒有受到任何支持，甚至不被承認，直到有一天，嚴重的疾病爆發，他們在社會某個角落陷入困境，世界上的其他人才開始意識到。有時候爆發的程度輕微、可以控制，有時候不行。有時，難以管控的部分會即時爆發，就像一個站在火車月台的會計師恰巧聽到上帝的聲音，要他將一個陌生人推到鐵軌上。

「我希望他死，因為他跟那群人是同夥的。」那個會計師說。「他們在追我。他們無所不在。」

他的眼神在為自己辯護，聲音卻帶著疑問，我不確定這絲疑問是出自於他需要被認可，或是需要從「疾病強迫他變成的那個人」當中解脫。

有時，難以管控的部分不會即時爆發，而是以各種歇斯底里或尖叫的形式呈現，就像我們在新聞報導中看到的那樣。我們的社會忘記了病人和疾病不是一體的。我們通常會責怪這個人，然而，真正該責怪的，是我們沒能在一開始注意到他們需要幫助。

精神科病房的另外一些患者似乎從不知名的地方跑來，從沉靜安定的生活中，或綠蔭街道的郊區房屋中，你根本無法想像精神疾病會在那種地方遊蕩。當你走到病房時，第一件會注意到的事就是：這裡聚集了各種背景、各種狀況的人們。有些人無家可歸或沒有工作，也有人有家庭、有職業。那些一輩子與精神疾病為伍的人，那些有厚厚一大疊病歷的人，那些某天發現自己突然無法應付眼前生活的人。可以很公平地說，在每個精神病房和每個精神科門診中，都可以發現大量的助產士、醫師、護理師、藥劑師以及社工人員提供支援。你會發現國民保健署已經無力消化、無法滿足這樣的需求了。

走進病房時會注意到的第二件事，就是那些人以及他們的多元背景已然自成一個社群。這裡經常會有緊張，有爭論、並隨著新病人的入院而有動態變化，但彼此的相似處會被讚揚，差異會被遺忘。病人會互相支持，建立友誼。或許是出於偶然與機遇，他們的多樣化滋生出一種統一性，而病房提供了社會經常無法提供的東西：歸屬感。

在我報到的第一天，當我推開雙扇門走到病房時，就感受到這一點了。我立刻知道，它也會為我提供同樣的東西。

傑出的護理師有很多，但我從未遇到比心理健康科的護理師更傑出的。

而且不只是護理師而已。還有後勤支持人員、職能治療師、社會工作者和志工們、醫師、病房主任、藥劑師以及語言治療師。這群人的人生唯一目的就是要幫助患者恢復自信，回復到值得過的生活。有好多次，我看到了出現同情心的小小時刻——如此短暫、瞬間即逝，因此很容易被忽略。如果我描述那些時刻，可能會看似微不足道，也會因敘述而弱化了力量，但是，在病房或休息室中看著那點點滴滴發生，卻讓我震撼不已。因為那些時刻提醒了我，人們可以向另一個人、一個陌生人展現仁慈與善良。這種仁慈與穿著制服或拿著聽診器無關，這與人性有關。在精神科，我開始見證人性最美好的一面。

19。奇蹟

精神科可能是醫療系統中最明顯的雙向流程之一。你會看到病人的一些改變，那會使你煥然一新，並重新為你注入能量，其程度可能不亞於對方因你而獲得的改變。讓你傷心的情緒，有時也同樣會治癒你。

——精神衛生護理師

如果醫學是一本充滿故事的書，那麼精神科將占據最有智慧的那幾章，而你會從那幾章學到最多。

在每個患者的敘述中，都是一個理解的機會——不僅是對疾病的了解，也包括了對智慧、幽默、生活和人的了解。

「你怎麼會喜歡在那樣的地方工作？」我一遍又一遍地聽到這樣的問題。「你不覺得不安全嗎？」

在內科和外科工作時，我多次感覺到不安全。我在急診室遭遇過幾次攻擊。

在精神科，我只有一次感覺到不安全。那是在我首次投入精神科工作的幾年之後，當時我在另一家國民保健署醫院的高依賴康復病房[26]工作。

丹尼爾在十九歲時被診斷出精神分裂症。他現在已經四十七歲了，過去的二十八年吞噬了「丹尼爾是誰」以及「丹尼爾可能會成為誰」——如果他沒有被迫與重病一起生活的話。

他是個「旋轉門」病人，經常入院。

---

26 High-dependency ward，介於加護病房及病房中間的復原中心。

護理師會說「丹尼爾回來了」，沒有人會問「哪一個丹尼爾？」

丹尼爾受社區治療令（CTO）所管，這是《精神健康法》的（有爭議的）一部分，該條款允許患者出院並留在社區，前提是患者必須遵守某些條件，例如服用藥物，以及與其社區心理健康團隊定期碰面。如果違反了規定中的任何條件，就會立刻被送回醫院。丹尼爾已多次被送回醫院，他的每日藥錠已經換成每月一次的注射劑，以簡化他和照顧者的工作，但丹尼爾每到該注射的時候就會自動消失。他會在社區各棟房屋之間飄移、睡在沙發上，隱藏在他人的生活之下，直到社區團隊追到他。

這一次，丹尼爾被警察帶進來。他情緒激動、具攻擊性，因為他已經好幾個禮拜沒服用任何藥物了，感覺非常不舒服。在那之後，兩位警察在護理師辦公室裡喝茶。其中一位向我展示了警察如何透過「將拇指向後彎向手腕」來約束人，他稱其為「軟約束」。在我看來，那並不「軟」，儘管我能體會偶爾需要約束某人以保護他人及被約束者本人的安全，但我無法想像丹尼爾會有什麼樣的感覺。他一定很不舒服，很害怕，很孤單。

在完美的世界中，丹尼爾會被送進精神科加護病房（PICU，專為嚴重不適，有特定情況和需求的人設計）。但在我們這個不完美的世界中，唯一有空的 PICU 病床不在這一帶，那不僅會使丹尼爾和任何想探望他的人難過，對醫院而言費用也很高昂。因此，醫院先安排他在我們這裡（比一般病房好一點，但設備沒有 PICU 那麼完善），看看這樣是否可行。

結果不行。

丹尼爾人高馬大，具有攻擊性，嗓門又大，其他患者都怕他。像全國許多精神科一樣，這裡是混合病房，人口組成非常多樣。患有躁鬱症的中年婦女和強迫症的年輕男子同在一室，年齡較大、脆弱猶豫、患有晚期帕金森氏病的精神病病患，和丹尼爾這樣難以預測又充滿暴力傾向的男人共處一個空間。

丹尼爾的病使他到處扔家具，並拉著鉸鍊把門打開。他會對其他人和自己尖叫，在走廊上不停用頭部撞牆。他的病使他多次接受約束，他被帶到「隔離區」（一個不允許離開的安全室），在非自願的狀況下注射藥物。我不是約束病人團隊的一員——那涉及非常具體的培訓和指導原則，而且只能在最極端和最必要的情況下使用——但我已經目睹過幾次，那是在精神科（或任何科別）所見最令人不安的景象。令人不安的倒不是反抗這些約束的人，而是不會反抗的那些人。

丹尼爾急需一個 PICU 床位，當我們在為他安排時，病房的另一位病患發生了某些緊急情況。當時，所有專業人員全都趕到了單位的另一側，我一個人在辦公室裡。我完成手邊的工作後，關上背後的那扇門。我常用的走廊一端有個鎖著的出口，另一端則是主病房和病人的公共區域，那裡空無一人。我轉過身，把辦公室的門鎖上，準備走向病房。當我再抬起頭來時，走廊已經不是空無一人了。丹尼爾站在我面前。

當他盯著我看時，我權衡了此刻有哪些選擇。我可以向左轉並刷卡解鎖離開，但這會有丹尼爾跟在我後面的風險，我知道他會趁機溜掉。在我們之間的這段走廊上，還有通往治療室和洗衣房的門，那些門都被鎖上了。我也可以回頭進辦公室，但那意味著我要轉頭背向丹尼爾，還要摸索找鑰匙，直覺告訴我這不是個明智的選擇。所以，我決定朝他走去。我別無選擇。

他似乎占滿了走廊。我試著向左、向右、向左，但每次都被他擋住。

我本能地伸手去拿皮帶上的警報器，那會提醒其他員工有問題發生。不過警報器不在那兒。病房沒有足夠的警報器，因此醫院決定，醫師冒的風險沒有護理師高，這個決定是可以理解的。我的脈搏重重撞擊著喉嚨，但此時保持鎮定很重要。

「我可以從你旁邊過去嗎，丹尼爾？」我說，試圖讓聲音聽起來盡可能平靜。

他向前靠過來。我的臉上能感覺到他的呼吸。

「不行。」他在我耳邊小聲說。

他的身體遮擋了我對走廊的視線，我試圖傾聽腳步聲或聲音，希望有人在附近。在遠處，我可以聽到別的工作人員在處理其他緊急情況。沒有人在附近。丹尼爾選了一個完美的時間點。

他退後一步。

「我有東西要給你。」他說。然後他舉起右手。

在那一刻，我猜想著他會造成多大的傷害。他會把我擊倒嗎？他會打碎我的頭骨嗎？他會打一次還是連續敲擊？一旦我摔倒，他會開始踢我嗎？多久才會有人發現？我的雙腿發軟。我深深吸了一口氣，希望這樣做可以幫助我應付接下來發生的一切。

他的手以巨大的力量和速度朝我揮來，我閉上眼睛以免受到衝擊。但是什麼事也沒發生。他停了下來，就在我的太陽穴附近，他沒有打我，而是用指尖沿我的臉側滑了下來。

「我有東西要給你。」他說。

我聽到他背後某處有動靜，當我睜開眼睛望向丹尼爾的肩膀後方時，多了三名病人站在走廊上。一個小老太太（每次就診，醫師對她的診斷都會改變）、一個年輕女子

（一生都在對抗躁鬱症），還有一位老人（在妻子去世後因憂鬱而入院）。丹尼爾只用一隻手就能把他們全部打倒，輕而易舉。

小老太太向前走了一步，用手指戳了戳丹尼爾的後背。

「你！離！喬！醫！師！遠！一！點！」她使出一百五十公分身軀的所有力氣大喊。

他從我臉上把手抬起來，轉過身，看著那位小老太太。他猶豫了片刻之後，完全按照她的指示行動。

我想他應該非常震驚，像個頑皮的小男生，乖乖地回到自己的房間。

小老太太轉向我。「親愛的，你還好嗎？要不要我幫你泡杯茶？」

患者的善良無處不在。研究顯示，善意的舉止不僅使接收者受益，也會為提供者帶來幸福感。即使是旁觀者，光是見證這樣的過程，都會因此感覺更好。

那句話說得沒錯：擁有最少的人，付出最多。我曾看過病人將自己本來就不多的衣物分給兩手空空來住院的人。有些人從來沒有訪客或任何人關心他們，不過，我曾在探視期間，看到一位患者邀請另一位患者加入家人聚會，免得自己一個人孤單坐在那裡。

我見過那些在病房裡待了很長時間的人，為剛入院、充滿恐懼和孤獨的人泡茶。當你厭倦了世界，或者厭倦了病房時，當你被惡意、殘酷和痛苦包圍時，親眼目睹這些微小而安靜的同情舉動，可以恢復你對世界的信心，效果無可比擬。

我們幫丹尼爾找到一張 PICU 床位，他在那裡待了兩個月。當治療開始發揮作用、症狀得到進一步控制之後，他又回到我們這裡。他到病房後的第一件事就是來向我道歉。

在丹尼爾之前，我從未經歷過身體上的恐嚇，但是我曾多次受到感覺不適的精神患者對我言語暴力，因為當你生病和恐懼時，感覺被困住、感覺無助時，會拿任何可能的武器來捍衛自己。每一次（毫無例外），患者在康復後都會向我道歉，儘管他們根本沒什麼該道歉的（包括丹尼爾在內）。他們的言語和行為都是疾病造成的症狀，就像任何身體疾病帶給我們無法控制的症狀一樣。

以社會整體而言，我們無視精神疾病的症狀，將那些視為個人行為而非疾病。我們使用的語言進一步稀釋了它們，直到它們消失在平凡的日常之中。強迫症不是類似「再三檢查門是不是已經鎖好了」，而是「沿著雙車道中間撿垃圾，因為它的存在會帶來你無法承受的焦慮」。強迫症不是「櫥櫃一定要按照次序收納整理」，而是「上廁所之前要完成的儀式和計數過於複雜且耗時，無法及時撐到廁所，因而在屋前小便」。思覺失調症不是「分裂的人格」，而是「在樓梯踏板上撒麵粉，因為你聽到的聲音如此真實，讓你想抓住那個一定躲在家裡某處的人」。憂鬱不是「在支持的足球隊失敗時所做出的反應」，而是「被一種絕望和自我厭倦所消耗，使你不堪重負，寧願結束生命也不願繼續忍受」。

持續承受著這些疾病的重量，表現了最大的勇氣。在這樣的重擔下保持對他人的人性和仁慈，無非是一種奇蹟。

20。邊緣

在醫療和外科病房的探病時間，現場總是一團混亂。親友們追著醫師跑塑膠椅永遠不夠。儘管有規定限制，但家人們還是會擠在床邊。（可以理解），想得到更多資訊。在探病期間，醫師想要嘗試為患者做任何事都沒有意義，因為你通常必須在茫茫人海中辛苦跋涉，才能完成任務。

而精神病房的探病時間，有時會在不經意間就溜過。當然，有些患者有堅強的親友支持，這在幫助患者康復的過程中，扮演非常重要的角色。但以其他多數患者來說，探病的訪客很少，而且經常完全沒有。偶爾會有人想對入院一事保密，因為精神病入院附帶的污名會造成龐大而持久的影響（令人遺憾）。不過，無人探訪的狀況之所以會發生，通常是因為患者一輩子都是一個人，家庭破裂，朋友漸行漸遠。在這裡的人們通常生活在邊緣，從未被接納、很少被認可。在每個城鎮、每個村莊，甚至在你居住的街道上，都會有人被孤立和忽視。他們也有可能因精神疾病而苦。

很難想像那種排斥會帶來什麼樣的感覺，但如果你在精神科工作，偶爾會有機會體驗一二。

在第一次投入精神科的幾年之後，我調到另外一家國民保健署醫院的病房工作。當時我才剛到沒幾天，對新流程還一片混亂，結果把識別卡和掛繩留在家裡。因為我的工作區域會上鎖，所以那天我必須靠其他工作人員幫忙才能進出病房。那真的很麻煩，我知道我絕對不會再忘記帶卡了。

我剛離開病房，要到一位書記那裡拿病歷資料，在一個長廊上看到一位社工人員，就在我前面不遠。我在好幾個月前的另一份工作認識了她，我們只見過一次面，但是她有著一頭獨特的紅髮，所以我立刻就認出她了，她還剛好照顧我最喜歡的一位患者。當時走廊上只有我們兩個人。

「你好！」我說。「里歐好嗎？」

她就在我前面幾步而已。她轉過來，沒有給我任何回應。她只是上下打量了我一眼，然後轉身繼續走。

我很困惑。她肯定有聽到我說話，她甚至看著我，不是嗎？「你負責照顧里歐不是嗎？我只是想知道他還好嗎？」

她一直走著，還加快步伐。我也加快了腳步。

我們轉到另一個空無一人的走廊。

「對不起，」我更大聲地說，「里歐好嗎？」

我仍然被忽略。如果說有什麼改變的話，那就是她走得比剛剛更快，步伐之間偶爾夾雜著小碎步。

真是莫名其妙。我停下來了。我放棄了。

「我是坎儂醫師！」我大叫一聲，作為最後的奮力一擊。

最後，她停了下來，轉過身朝我走來。

「我很抱歉。」她比了比脖子——我通常會在脖子上戴著掛繩及名牌。「我以為你是病人。」

針對精神健康患者的許多殘酷無聲行為會逐漸累積。在開始從事精神科工作之前，我在其他病房待了短短幾個月的時間，感覺自己好像不屬於那裡，算是淺嘗過這種「格格不入」的感覺。我仍然有一個家、有家人，我仍然屬於某個地方。即使如此，當時我也覺得無力因應醫院的生活，更何況有些人一輩子過著沒有庇護、沒有喘息的生活，那更是難以想像。

在走廊上追逐紅髮社工的幾個月後，我站在病房的護理站，與其他幾位工作人員交談，當中有護理師、藥劑師和後勤支持人員等等。我喜歡待在護理站而不是關在辦公室裡，因為如果你不花時間待在現場，就不可能學到任何東西。

那時接近休息時間，我們天南地北隨意聊著食物、假期和電視節目等等。其中一名患者過來加入我們。羅伯已經在病房裡待好幾個星期了。當他第一次被送來時，整個人處於激動和偏執狀態。他確信病房裡裝滿了攝影機，正在監視他。他以為我們都在為政府工作，還在他耳朵裡放了晶片，監視他的所有活動。他每天都會求我拿出晶片，讓他自由。隨著藥物的調整和正確的支持，羅伯的病情逐漸好轉。沒有什麼比親眼目睹疾病消退、因而認識他人的真正面目更讓人感到榮幸。羅伯是一個很棒的人。他和愛犬一起住在運河船上，他熱愛藝術和詩歌。他對自然和鄉村的了解比你遇到的任何人都要多。他讓我想起了我父親。

羅伯、護理師和我在笑談前天晚上的某個電視節目，此時，一位職員從辦公室走出來。她剛來沒多久，個性開朗，而且很有效率。休息時間到了，她提議幫大家泡茶，但由於她是新人，需要重新統計茶和咖啡要幾杯，牛奶和糖要多少。她一個接著一個詢問護理站旁的所有人。到羅伯時，她自動跳過，直接問下一個人。好像羅伯不在那兒，彷佛他是隱形的。我和另外一位醫療助理眼神相對，面面相覷。

這不是那位職員的錯。她是新來的。雖然，她的確不應該為病人泡茶。

最後，我自己幫羅伯泡了茶。感覺這是能讓整個情況沒那麼痛苦的唯一方法。當我把茶遞給羅伯時，他對我微笑。

「別擔心，喬醫師，」他說，「這種事常常發生。」

21。風景

做個外卡並不是容易的事。你有時會被誤認成別人（你是社工師嗎？）或具備更多知識的人（你是講師嗎？），而更多時候，人們認為你的經驗比真正具備的要多更多（我想要坎儂醫師幫我抽血——喔不不不，你不會想要的）。

外卡帶有不確定性、疑問和模糊性。你怎麼現在才在這裡？你以前在哪裡？你為什麼沒有早點到達這個位置？感覺上，外卡經常需要解釋和證明自己。此外，在一個其他人都比你這位初級醫師年輕的團隊中，也具有一定的喜劇價值。不過，有時候，你以前做過的事情，以及沒有早一點到達這個位置的事實，反而出奇地有利。

第一次輪調精神科的期間，我在那個職務上勝任愉快。我參與早上巡房，等待討論前一天的事情。我已經在那裡度過了四個月，那是我一生中最舒適自在的時光。精神科就是我當初申請進入醫學院的原因，這就是我想做的事。身處此地的目標幫我撐過了五年的醫學院學習，以及之前內外科工作期間的挑戰。這裡的團隊很棒，病人很棒，我一到這裡，馬上受到歡迎加入這個大家庭。其他病房有時看起來支離破碎，各部門之間存在奇怪的脫節狀況。但是在精神科，我們是一個團隊，每個人都被鼓勵使用各自的技能和優勢。

這裡有許多不同背景的人：有人從事精神病學數十年，也有最近因個人經驗或親朋好友的經歷而被吸引過來的；有些人從完全不同的工作中轉過來，也有一些人是早就立志從事心理健康工作。我們每個人的建議都會被傾聽，每一個意見都有價值，這是我第一次被問到對某事的實際想法如何。我們之間的關係緊密，讓我們覺得似乎是被命運和好運施了魔法才能在此相聚共事。在我看來，我以前所做的一切——我倒的每一杯酒、打的每一封信、還有在百貨公司追逐的無辜路人——都幫我磨練了溝通技巧以及對人的了解，而這些是無法在醫學院演講廳傳授的。畢竟，一切事情的發生都有原因、也有意義。我終於可以好好應用過去人生經驗的價值了。

我很幸運能在同一份工作做連續兩期，但那天早上剛好是其他所有人的交接日，新的醫師走進來交接。專科醫師向大家介紹這位新醫師，我隔著咖啡盯著他看。

「這位是史密斯醫師，」專科醫師說，「他是F2[27]的醫師，比喬醫師更有經驗。」

27 F2是第二年一般醫學基礎訓練受訓醫師。英國醫學系讀五年，畢業後，進入臨床第一年，稱為Foundation year 1，簡稱F1，第二年則為F2。

我的手指在椅子扶手上輕輕敲著，被激怒的惱火讓頸後毛髮直豎。史密斯醫師對房間裡的每一個人微笑，甚至還小小敬個禮。他比我小十歲，穿著一件挺拔的白襯衫和緊緊打結的領帶，脖子上掛著一個昂貴而閃亮的新聽診器。我想起隔壁的病人，懷疑這如何行得通。

在醫學院入學第一天的第一場演講，當我們被歡迎進入醫療生涯時，還被告知了另外一件事——我現在可能會爭論這一點，但從廣義上來講是合理的。有人告訴我們，醫師有兩種：白袍型和開襟毛衣型；熱愛科學和熱愛人的；為患者做各種測試以及與患者交談的。套用這些（有爭議的）參數，我絕對是極端的開襟毛衣型；而史密斯醫師則是從出生就被養育成白袍型，從高中一路念到醫學院，再順利接上醫師，不費吹灰之力。我是外卡，我花了很多力氣，什麼都做過了。不過專科醫師這麼說是正確的。的確，史密斯的經驗更豐富，他可是F2的醫師呢。不管怎麼說，他在這段旅程上的確比我領先一年。

我們合作得還不錯。如果有新人要入住，我會記錄病史，史密斯醫師負責抽血及心電圖。下午，我會到休息室和病人聊天，而史密斯醫師會坐在醫師辦公室做各種審核。他偶爾會出現，站在房間邊緣猶豫不前。

「你為什麼不加入？」我後來問他。

「我不知道該跟他們說什麼。」

「他們？」

「病人。」

「就一般的對話呀。」

他皺了皺眉。

「就說你會跟其他人說的那些事。」我說。

他仍然皺眉。

病人對他來說是個謎。唯一的問題是，患者很快就意識到了這一點。他們捏造一些身體小毛病來讓他檢查，當他要檢查時，卻倒給他一些精神病史。他們取笑他的聽診器，經常製造讓他尷尬的場面，並以此為樂。我對於解救他已經感到厭倦，部分原因是他不斷給自己挖坑；而另外一部分原因，則是因為看到換人扮演外卡的角色，讓人有種奇怪的滿足感。非常慚愧的是，當史密斯醫師掙扎得越多，我在自己的基地就越有安全感。此外，他應該很容易就能自救才對，畢竟——我告訴自己——他的經驗比我豐富得多。

史密斯醫師來報到的幾週之後，我們倆被分配到同一名新患者進行案例研究。她是一名年輕女子，沒有精神健康問題的病史，也沒有使用過精神健康方面的服務。她以前非常安靜和內向。一個努力工作的人，有幾個朋友，過著平淡的生活。然而，在一個混亂的週末，她性格大變，偷了一輛汽車，無照駕駛了好幾公里，到英格蘭北部一個完全沒有關係的小鎮，在那裡對著購物中心四周的人大吼尖叫，並對任何想接近她的人恐嚇使用暴力。她被警察帶過來我們醫院，拒絕與任何人講話。

史密斯醫師和我很困惑。我試圖與她交談，但是每次我這樣做，她都會往反方向走掉。史密斯醫師則是連試都沒有試。新患者不跟任何工作人員或其他患者交談，大部分的時間，她都坐在房間裡，靜靜地看著牆壁。她的父母說，現在回想起來，最近幾週她變得更加孤僻，但沒有任何觸發因素，也沒有引爆事件。沒有蛛絲馬跡可以追查。

她的父母每天都來看她，而我們完全靠他們來拼湊故事。她拒絕和父母說話，有時坐在不同的桌子旁，有時眼光越過他們，望向後方的花園。不過他們還是每天來，從家裡帶來禮物、食物和小裝飾品，希望讓她感到比較舒適。

有一天，我和史密斯醫師在探病時間結束後跟她一起走回病房。「你的父母真可愛。」我對她說。

我沒想到會得到回應，但她轉過來面向我。自從她入院以來，這甚至是她第一次承認有人在跟她說話。

「我的父母不是真的像那樣。」她非常堅定地說道。

我看了史密斯醫師一眼。

「嗯，你不覺得她那樣說很奇怪嗎？」

幾分鐘後，史密斯醫師和我坐在辦公室裡。

「不會吧。」他說。

「我的父母不是真的像那樣。」我重複她的話。「這種說法很奇怪。」

「她可能是說他們很假，在外人面前像是在演戲，因為我們也在場。」

「但聽起來不像是那樣。」我說。

第二天，我長驅直入加入巡房隊伍。前一天晚上在教科書中苦苦尋找的結果，讓我相信自己已經找到答案。我甚至在脫下外套前就開始解釋。

「我知道她怎麼了。」我一邊掙脫外套的袖子一邊說。「我想通了！」

我的專科醫師揚起了眉毛。甚至連史密斯醫師也揚起了眉毛。

我解釋了我們前一天的談話，她談論父母的方式，以及她用的奇怪說法。「我認為她患有卡普格拉綜合症[28]！」我說。

我的勝利演說飄散到一片靜默的房間裡。

卡普格拉綜合症是一種錯覺，患者認為與他們親密的某個人（配偶、父母、子女）已被其他人替代。那個替代者看起來、聽起來都和本尊完全一樣，但實際上是個闖入者，冒名頂替者。

卡普格拉綜合症非常罕見。

我的專科醫師說：「我從沒想過會對任何人這麼說，但我想你是讀太多教科書了。」我可以看到史密斯醫師微微笑了一下。「但我會和她談談。」

他和她談了，結果發現她確實相信那不是她的父母。她認為他們是演員、操縱者、騙子。她知道的事實是，這些人並不是他們所假裝的那個人；當然，意識到假冒者之後，下一步就是要摧毀他們。她非常樂意討論這個問題，很高興與我們交談，我們之前只是沒有問對問題而已，幸運的是，我碰巧在那個走廊上想到了正確的問題。

「你從那一句話裡就知道了這一切嗎？」後來，史密斯醫師在我們寫病歷時這樣問

28 Capgras Syndrome，又稱凱卜葛拉斯症、替身綜合症，是一種妄想症，患者不能正確識別人物或對象，認為這些人都是別人冒名頂替的。

我。

或許我只是運氣好，碰巧注意到患者真正在想什麼；但我更願意認為是你傾聽得越多，就能聽到越多訊息。如果你聽到夠多的故事，就會知道哪裡掉拍了，哪裡漏字了。你不必是醫師就能聽這些故事。在倒啤酒、服務客人的時候，就可以和它們偶遇；在百貨公司的對話和超市排隊隊伍中，也可以找到它們。你聽到的故事越多，就越能意識到人們總是謹慎地選擇用字，而人們之所以選擇那些用字也都是有原因的。也許，這一切都只能從經驗中學到。

輪調結束時，史密斯醫師和我分道揚鑣。我繼續從事精神病學的另一項工作，而史密斯醫師消失在地平線。如果你擔心他，請不用擔心，他找到了自己的利基，就像我發現我的一樣。大約一年後，我們在急診室再次相遇。他仍然穿著那直挺潔白的襯衫和打好結的領帶，脖子上的聽診器仍然簇新而閃亮。他當時在骨科團隊工作。我們交會時，他對我微笑。

史密斯醫師不再是外卡。他看來像處於一生最自在舒適的狀態中。

22。修補

儘管這項職業有著種種的破裂和修補，它仍使我過著值得度過的人生。儘管有很多破裂和修補，但它幫助我更接近我想成為的醫師、我仍然想成為的那種醫師。但我們永遠都需要不斷學習、改善和改變，正如我在醫學院第一天被告知的那樣。

最重要的是過去從我敬重的許多人那裡聽到的話，他們許多正從一線行醫退休，而最近一個新朋友也說了同樣的話：讓我們記得關心一下同事們，看他們是否一切都好，因為這就是社群會做的事。

——專科醫師

在醫學院期間，我對自己和任何願意聽我說的人提過好多次——真希望自己沒有做這件事。我真希望走另一條不同的路，希望當時沒有在報亭窗口看到課程廣告，也沒有說服那位質疑我的教授，說我會成為一個好醫師。我會洋洋灑灑列出所有可以做的其他工作，找個不會在精神上、身體上和經濟上令我筋疲力盡的工作。

如今，回首過去，我反而無法想像自己去做任何其他事。我無法想像，如果沒有遇到這些有幸見過的精彩人物會是怎樣。我也驚訝於我做的這個脆弱決定，讓彼此的路徑有了交集，即使是極為短暫的片刻。

我對這本書最深的顧慮之一就是我擔心會嚇到考慮從醫的人們。如果這對考慮當醫師的人有幫助，我想說一句話：我不會想改變過去的任何事情，即使是那段讓我懷疑自己作為醫師和人類的存在是否有任何價值、最黑暗的日子。因為，在我所經歷的所有日子當中，那些是教會我最多的。

修補，跟破裂一樣，都可以在最不可能的地方發生。

它可以從最短的事件和最短的相遇中產生。破裂是有累積性的。我們會收集一些小小的絕望和不幸，以及我們自己的柯達時刻，然後隨身攜帶它們，直到負荷變得無法承受，因而在重擔下破裂。修補也完全一樣。我們見證越多同情心展現的小小時刻，就能看到更多人性，就越有可能修補自己，也能越快痊癒。

在醫學院裡，我們學習了許多關於修補的課程：從感染、骨折和疾病中修復，針對骨骼、皮膚和組織的解剖面、生理面和生化面修復方法。我們學習了複雜的凝血過程和凝血階梯瀑布效應，骨骼的直接和間接功能，急性發炎反應以及上千個錯綜複雜的基因表現。人體的再生能力非常厲害，但也異常脆弱，確保其成功最重要的因素是正確的環境。沒有正確的環境，這一切都不會發生；在錯誤的環境中，我們的身體本身反而成為外卡。

我在醫學院第一天的那個演講廳認識了許多同學，看著他們的人生，讓我看到許多不同的風景。我看到外科醫師和全科醫師，麻醉師和兒科醫師。我看到有人飛越半個地球來追求理想職業，以及那些留在我們醫學生走過的醫院的人。我看到仍在國民保健署內工作的人，也看到選擇離開並繼續在其他地方使用醫術幫助患者的人。我同意入學演說中提到的很多事情——這確實是我們跨入醫療職涯的第一天。但我不同意他們提到的「醫師只有兩種」這個說法。我認為有多少種人，就有多少種醫師；有多少種治癒的方法，就有多少種不同的風景。

精神科成為了我的風景，在那裡，我學到了很多東西。我了解了一個人可以向他人展現同情心，也了解了人類精神的韌性。我體會到我們在生活中扮演的角色有很多種，也學到治癒這件事。我了解彼此照看的必要，以及外卡的重要性。

在紙牌遊戲中，外卡通常不成套、沒有顏色。它不具有任何價值，流通性和價值只由持有者決定。外卡由所處的背景和持有者來定義，對某個玩家很珍貴的東西，對另一個玩家可能毫無價值。表面上似乎是外卡的，實際上可以是任何東西。

經常有人問我有關年紀這麼大才上醫學院的事，或者我如此與眾不同的事，或是外卡的事。我總是說，這個世界，尤其是醫學界，需要更多的外卡。但是或許，如果我們仔細觀察，就會發現我們每個人都是不同的，我們其實都是外卡。也許我們都只是在尋找合適的風景，尋找一個歸屬之地，尋找合適的地方講述自己的故事，希望那裡的人能夠傾聽，而我們能被理解。

作者說明

我在本書中的反應和經驗都是基於真實事件，但是事件本身以及相關的人與地點都已更改，以保護工作人員和患者的身分。各種情境的詳細資訊、我遇到的人及照護病患的信息也已經合併和更改，以進一步保護隱私和機密性。

與特定個人或事件的任何相似之處，都是偶然和無意的。

致謝

沒有我的經紀人 Susan Armstrong 以及編輯 Francesca Barrie，就沒有這本書。大大感謝兩位的善良、耐心以及智慧；還有 C&W、Profile Books 以及 The Wellcome Collection 的每一位，謝謝你們對我的故事有信心。

這本書的所有想法和意見都是我自己的，但許多人幫助我型塑了那些想法和意見，也幫助我更自在地走上這條路。感謝 University of Leicester Medical School 提供我這個「外卡」機會，特別感謝 Stewart Petersen 教授以及 Jonathan Hales、Mark McCartney、Tony Dux 以及 Amanda Jeffery 四位醫師，你們的教導與鼓勵，使我的「納尼亞奇幻之旅」平穩而順暢。謝謝 Amy Adams 和 Cate Bud 兩位醫師，讓「納尼亞」成為一個更美好的目的地。謝謝總是懂得我心思的 Chloe Spence 醫師。

感謝 Wendy Burn 教授、Kate Lovett 醫師、Regi Alexander 醫師以及 Royal College of Psychiatrists 的每一位成員，謝謝你們無限的支持，並且讓我成為夢想團隊的成員之一。

感謝我曾有幸共事的所有國民保健署的超級員工們。一如既往，我要感謝救了我一命的 George Bryan Centre。

感謝所有花時間閱讀本書，以及為本書提供回饋的朋友同事們。感謝 Claire Barkley 醫師提供有關精神病學及初級醫師福利的訊息，同時也讓我經歷了一場最有趣的對話。感謝 Ignasi Agell 醫師的建議與指導，他是我想要成為的醫師榜樣。

最重要的，感謝我的病人們，你們永遠和我在一起。

高寶書版集團
gobooks.com.tw

新視野 New Window 217
修補生命裂痕
一位醫師的現場故事，從生命無常的破碎與修補中，找到跨越傷痛的力量
Breaking & Mending: A junior doctor's stories of compassion & burnout

作　　者　喬安娜・坎儂（Joanna Cannon）
譯　　者　林宜萱
責任編輯　陳柔含
助理編輯　林子鈺
封面設計　林政嘉
內頁設計　賴姵均
企　　劃　何嘉雯

發 行 人　朱凱蕾
出　　版　英屬維京群島商高寶國際有限公司台灣分公司
　　　　　Global Group Holdings, Ltd.
地　　址　台北市內湖區洲子街 88 號 3 樓
網　　址　gobooks.com.tw
電　　話　(02) 27992788
電　　郵　readers@gobooks.com.tw（讀者服務部）
　　　　　pr@gobooks.com.tw（公關諮詢部）
傳　　真　出版部　(02) 27990909　行銷部 (02) 27993088
郵政劃撥　19394552
戶　　名　英屬維京群島商高寶國際有限公司台灣分公司
發　　行　英屬維京群島商高寶國際有限公司台灣分公司
初版日期　2021 年 3 月

國家圖書館出版品預行編目（CIP）資料

修補生命裂痕：一位醫師的現場故事，從生命無常的破碎與修補中，找到跨越傷痛的力量 / 喬安娜 . 坎儂著 ; 林宜萱譯 .-- 初版 . -- 臺北市 : 高寶國際出版 : 高寶國際發行 , 2021.03　面；　公分 . -- (新視野 217)

譯自 : Breaking & mending.

ISBN 978-986-361-910-9 (平裝)

1. 坎儂 (Cannon, Joanna)　2. 醫師　3. 回憶錄

784.18　　109013394

GOBOOKS
& SITAK
GROUP ©